Le livre des bonnes questions à se poser pour avancer dans la vie

DU MÊME AUTEUR
AUX ÉDITIONS PAYOT

Petit Guide à l'usage des gens intelligents qui ne se trouvent pas très doués
Bien avec soi-même, bien avec les autres

BÉATRICE MILLÊTRE

Le livre des bonnes questions à se poser pour avancer dans la vie

PAYOT

Retrouvez l'ensemble des parutions
des Éditions Payot & Rivages sur
www.payot-rivages.fr

106, boulevard Saint-Germain, 75006 Paris

INTRODUCTION

« Avancer dans la vie », qu'est-ce que cela veut dire ? Posez la question autour de vous, les réponses seront aussi variées que vos interlocuteurs.

Pour certains, ce sera une progression de carrière ; pour d'autres, gagner en expérience à mesure que le temps passe ; pour d'aucuns, s'améliorer soi-même ; pour celle-ci, tendre vers une certaine forme de perfection ; pour celui-là, gagner en sérénité ; pour cette dame, supprimer ses comportements colériques ; pour ce monsieur, ne plus avoir de problèmes ; pour cette étudiante, trouver sa voie et s'y sentir bien...

Autant de réponses et autant d'interprétations personnelles, toutes empreintes de vérité, et toutes aussi justes les unes que les autres.

Car « avancer dans la vie » recouvre plusieurs idées.

C'est avant tout savoir se remettre en question pour se donner les moyens de progresser.

Se remettre en question dans le bon sens du terme, non pas pour culpabiliser d'avoir mal fait quelque chose et se dévaloriser, mais bien pour éviter de recommencer.

Nous touchons là un point fondamental : nous ne pouvons avancer qu'en tirant parti de nos erreurs, de nos difficultés, donc en les reconnaissant pour ce qu'elles sont : des situations ponctuelles qui ne nous ont pas convenu, mais que nous pouvons étudier afin de trouver des solutions pour qu'elles ne se reproduisent pas.

Se remettre en question, c'est accepter de n'être pas parfait mais perfectible, de n'être pas figé mais adaptable.

En d'autres termes, c'est accepter de faire des erreurs, car elles témoignent que nous essayons d'avancer : personne n'a « la science infuse » ; si l'on se trompe, c'est que l'on a essayé quelque chose de nouveau, quelque chose que l'on ne savait pas faire.

Et, encore une fois, il s'agit d'en tirer parti.

En ce sens, avancer, c'est regarder derrière soi pour aller de l'avant.

C'est s'appuyer sur nos expériences passées pour construire notre futur.

Expériences négatives, comme je viens de le dire, mais aussi positives : nos succès et nos réussites qui sont les témoins de notre savoir-faire, de nos compétences et de nos talents.

Ceux-là mêmes sur lesquels nous nous appuyons pour faire en sorte de ne pas reproduire nos erreurs.

D'accord, me direz-vous, mais se remettre en question à chaque échec, dans chaque situation négative et pour chaque attitude déplacée, c'est fatigant, éreintant même ! Cela veut dire penser, encore penser et toujours penser, sans cesse et sans repos.

C'est vrai, et c'est bien pour cela que l'on n'avance pas dans tous les cas, mais seulement quand les situations en valent la peine.

Cela implique de définir ce qu'il faut résoudre, ce qu'il faut ôter à notre vie pour qu'elle soit conforme à nos aspirations ou qu'elle tende vers cet idéal, mais en gardant présent à l'esprit ce que nous sommes, ce que sont et notre nature et notre personnalité – sans les changer.

Autrement dit, s'accepter comme on est. Car, bon an, mal an, nous sommes tous, plus ou moins, des gens bien, avec nos défauts et nos qualités, nos succès et nos échecs, nos satisfactions et nos désillusions. Globalement, nous tenons debout et nous savons, la plupart du temps, rebondir et retomber sur nos pattes.

C'est également accepter que l'on ne peut pas tout changer, ni les autres ni le monde.

Qu'ainsi, pour avancer efficacement, il importe de prendre en compte la réalité pour que nos projets soient réalistes et surtout réalisables.

Combien de personnes ont la tête pleine de projets qui mériteraient de voir le jour, mais qui n'aboutissent pas ! Pourquoi ? Parce qu'elles n'ont pas tenu compte de leur environnement. Qu'elles n'aient pas les contacts nécessaires, ou que leur projet soit trop novateur ou peu porteur dans une société de marché, cela revient à ne pas avoir pris en compte un paramètre fondamental : la réalité !

Faut-il pour autant se résigner et abandonner ses idées, perdre ses illusions ?

Non, certainement pas, encore que la frontière soit ténue entre l'adaptation et la résignation.

S'adapter, tenir compte de tous les paramètres pour qu'un projet voie le jour, c'est accepter qu'il y ait un jeu avec des règles que vous choisissez de suivre, même si elles ne vous correspondent pas vraiment. C'est aussi se dire que, peut-être, ou peut-être pas, en agissant ainsi, en conservant vos valeurs bien sûr, vous contribuerez à la marche du monde.

Se résigner, c'est se dire que si la réalité et les gens sont ainsi, alors autant ne pas démarrer. C'est refuser de voir qu'il y a un jeu et refuser d'en suivre les règles. C'est penser que vous seul détenez la vérité et que les autres sont dans l'erreur. Peut-être est-ce le cas, mais ce n'est pas en l'affirmant contre le plus grand nombre et en refusant de « jouer » que vous pourrez le démontrer.

Bref, on avance d'abord pour soi et par rapport à soi, mais dans un monde peuplé d'autres personnes.

Cela veut dire ne pas les copier, se poser la question de votre motivation et de vos valeurs, surtout par rapport au plus grand nombre, et donc faire fi de la pression sociale. Se demander ce qui vous fait agir : vos valeurs propres ou celles que vous voyez représentées partout ?

Vous saurez alors que vous êtes dans le droit chemin.

Parce que la personne qui vous connaît le mieux, c'est vous-même.

Seulement, vous avez oublié que, comme vos congénères, vous êtes doté de nombreux talents. Ces talents, vous ne les voyez plus, vous les avez occultés. Mais, si vous vous écoutiez, si vous laissiez parler votre « petite voix intérieure », celle du bon sens, celle qui ne vous trompe jamais, ou si rarement, vous entendriez qu'elle vous dit ce dont vous êtes capable et où vous devez aller.

Alors vous pouvez vous arrêter de vous poser mille et une questions. Car vous savez que votre vie avance dans la bonne direction et se déroule conformément à votre personnalité et à vos aspirations.

Avancer, c'est finalement tout cela : se remettre en question, pas tout le temps, mais avec modération ; regarder derrière soi pour tirer parti des échecs comme des réussites et construire un avenir qui vous convienne ; tenir compte de soi, des autres et de la réalité ; voir que globalement la vie est plutôt conforme à ce qu'on en attendait.

Apprendre chaque jour et ainsi gagner en expérience et en sérénité.

C'est pourquoi la définition que je préfère est celle que me donna cette femme : « Avancer dans la vie ? C'est vieillir ! »

Pourquoi le « livre des questions » et pas celui des réponses ? Car il n'existe pas une unique réponse valable pour tous, mais des réponses qui se doivent d'être différentes afin d'être efficaces et adaptées à chacun.

Mon but est de vous donner des pistes de réflexion, des directions et, bien sûr, quelques outils qui vous permettront de mettre en musique les solutions que vous aurez trouvées.

Quelques outils seulement ? Oui, car il n'est pas souhaitable de vous imposer une solution qui ne serait pas la vôtre.

À vous donc de la trouver, puis de la construire.

Chaque jour, pas à pas.

Ce n'est ni très difficile ni très long, mais c'est particulièrement efficace.

PREMIÈRE PARTIE

Avancer, qu'est-ce que ça veut dire ?

Une étudiante me dit un jour : « Je panique chaque fois que je vais en cours. »

Après quelques questions de ma part, elle arrive à préciser ce qui lui fait peur : « Le prof parle de choses que je ne connais pas. »

Pourquoi vient-elle me voir ?

Pour remettre en question sa croyance selon laquelle il lui faudrait déjà posséder des connaissances qu'elle va justement apprendre à l'université ?

Non. Pour se débarrasser de ces paniques qui lui sont désagréables, voire qui lui causent de grandes souffrances.

Mais comment avancer dès lors que vous devez tout savoir avant même de l'avoir appris et que vous visez un monde dénué de nouveauté et, partant, dénué de risques, donc édulcoré, sans émotions ?

Se remettre en question, c'est accepter que tout ne va pas bien, d'un coup, ni tout le temps, mais que nous faisons ce qu'il faut pour avancer dans une direction qui est la nôtre.

Cela signifie résoudre des problèmes qui surviennent sur le chemin, lorsque nous en avons la capacité, et accepter que tous ne soient pas solvables.

Mais cela veut dire aussi se fixer des objectifs réalistes que nous cherchons à atteindre pour aller de l'avant.

Le tout en adéquation avec notre personnalité propre, mais sans faire abstraction du monde qui nous entoure.

CHAPITRE PREMIER

Aller de l'avant

Aller de l'avant, c'est développer des projets.

Nous le faisons tous sans forcément nous en rendre compte : projeter de partir en vacances cet été, d'inviter des amis, de faire les courses...

Un projet n'est pas seulement une idée. C'est aussi et surtout une réalisation. Qui tient donc impérativement compte de votre personnalité et de votre environnement.

Mettre ma vie en adéquation avec mes aspirations

Nous avons tous une vie rêvée, idéale. Qui peut être réalisable ou pas.

Probablement pas d'ailleurs, et tant mieux, car nous gardons alors cet objectif en ligne de mire et c'est ce qui nous fait avancer.

Réalisez un projet, arrêtez-vous, et vous avez fini d'avancer.

Réalisez le même projet avec efficacité, mais en vous disant que vous pouvez encore progresser, être plus efficace, plus rapide, et vous continuez d'être tiré en avant.

La plupart du temps, nous ne réfléchissons pas à ce que nous avons à faire. Nous le savons, c'est tout. Ainsi, faire les courses parce qu'on a invité des amis à déjeuner, ou parce que c'est l'anniversaire de notre conjoint ; aller au cinéma ; ou encore partir en vacances.

Pour certains, la vie se déroule ainsi, sans anicroches. Les projets leur viennent sans qu'ils aient besoin d'y penser. Cela fait partie d'eux et ils avancent comme ça.

Cela est rendu possible car leur vie est conforme à ce qu'ont toujours été leurs aspirations.

Telle cette mère et grand-mère qui se souvient : « J'ai toujours voulu une famille et des enfants. J'aurais pu faire une grande carrière d'avocate, j'étais sortie major de ma promotion. Mais, lorsque j'ai rencontré mon futur époux, j'ai préféré rester à ses côtés et monter avec lui une galerie d'art. Ça me donnait la liberté dont j'avais besoin, le temps de m'occuper de ma famille, et je trouvais une stimulation intellectuelle tout à fait agréable à rencontrer des artistes et leurs clients. Aujourd'hui que j'ai rendu mon tablier, je m'occupe de ma famille, et ce n'est pas parce qu'ils sont grands que mes enfants n'ont plus besoin de moi ! Je vis ma vie, tout simplement, avec tout ce que cela implique : le jardin, les courses, les amis, les vacances, les problèmes à résoudre... Non, je ne m'ennuie jamais. »

Une fois sa vie rêvée atteinte – fonder une famille –, cette femme a su développer d'autres projets. Car des projets, il y en a toujours.

Faire en sorte que ses enfants aillent bien, s'occupent agréablement, et s'enrichissent. Trouver de nouveaux artistes pour sa galerie, organiser des vernissages. Vivre au quotidien, partir en vacances, sortir. Autant de projets qui démontrent que rien n'est figé, tout s'adapte en fonction de notre évolution, des circonstances et des événements que nous vivons et avons vécus.

Ainsi notre vie est-elle riche et bien remplie. À l'inverse, une vie vide et sans projets mène inexorablement à l'ennui, à l'amertume, à la tristesse, parfois même à la dépression.

Éviter l'ennui

« Si dépourvues de matière qu'elles paraissent, écrit le romancier Stefan Zweig dans *Le Joueur d'échecs*, les pensées aussi ont besoin d'un point d'appui, faute de quoi elles se mettent à tourner sur elles-mêmes dans une ronde folle. Elles ne supportent pas le néant elles non plus. »

De même que le rôle du cœur est de faire circuler le sang, le rôle du cerveau est de nous envoyer des pensées.

Lorsqu'il n'a pas de prise, c'est-à-dire aucune direction dans laquelle fonctionner, il prend le premier sujet venu et le triture dans tous les sens. Comme le chien qui ronge son os. Sauf qu'en général ce n'est pas un os très bon ni très appétissant. Si bien qu'à tourner en rond ainsi, nous tombons dans l'ennui, et bien pire encore.

Je sais que c'est classique chez ces personnes, mais je pense à cette jeune femme anorexique qui me disait avec détresse : « Le soir, une fois rentrée chez moi, je m'ennuie tellement que je n'ai rien d'autre à faire que des crises. Cela me donne quelque chose à penser, et cela occupe mes soirées. »

Ou ce jeune homme, soigné depuis des années en hôpital de jour pour un problème médical non encore résolu. Il vient me voir pour une dépression : « Mes journées sont rythmées comme du papier à musique. Le matin je pars pour l'hôpital, le soir je rentre. Entre-temps, nous avons quelques activités. Puis, une fois chez moi, je joue un peu sur l'ordinateur, je me connecte à Internet, je dîne, regarde la télé et je vais me coucher. Le lendemain, cela recommence, et ainsi de suite. Chaque jour est semblable au précédent et au suivant. »

Imaginez-vous à sa place, sans avenir à construire, sans projets, sans rien en perspective. Plusieurs fois je lui ai dit que n'importe qui à sa place, moi la première, serait dans le même état que lui.

Il est impossible d'aller bien sans projets qui nous portent, qui nous incitent à avancer, à nous dépasser pour résoudre les problèmes.

Sans projets, nous nous étiolons. Avec des projets, nous sommes capables de déplacer des montagnes.

Tel ce patient suivi par un de mes étudiants pour des problèmes chroniques de mal de dos. Sa douleur était tellement forte qu'il lui était parfois impossible de venir à la consultation, pourtant distante de seulement quinze kilomètres (trajet effectué en ambulance). Dix ans et huit opérations de neurochirurgie plus tard, aucune amélioration notable n'était visible.

Jusqu'à ce que germe un projet...

Aller de Bordeaux au Mont-Saint-Michel en vélo, en s'arrêtant pour donner des conférences dans différentes associations de patients douloureux. Le tout avec le support technique de patients rencontrés en consultation et incapables eux de faire du vélo !

Depuis ce jour, il n'a plus mal au dos.

Miracle ? En un certain sens. Mais surtout miracle de son cerveau qui, une fois acceptée sa douleur, a su la vaincre pour construire un projet. Ce faisant, ce patient a pris conscience qu'il en était capable et sa douleur a diminué. Diminuant, elle lui a permis de faire plus, ce qui a encore fait diminuer sa douleur, etc.

Toute proportion gardée, ce sont bien les projets, conscients ou non, volontaires ou automatiques, qui, nous faisant avancer, nous aident à aller bien.

Mais la vie n'est pas faite que de projets et, *a fortiori*, de projets qui aboutissent.

C'est pourquoi avancer nécessite également que nous résolvions les problèmes qui surviennent en chemin, sur notre passé, non pas que nous nous penchions pour le ressasser, mais plutôt pour panser nos blessures, nous remettre en question et tirer parti de nos erreurs afin de ne plus les commettre.

* *
*

Apprendre à s'occuper

Un pédiatre, un jour, me disait que les enfants devaient apprendre à s'ennuyer.

S'ennuyer ? Non, ô grand jamais ! Accepter qu'il y ait des moments sans activités programmées et apprendre à s'occuper autrement ? Oui, bien sûr.

Cela vaut également pour les adultes que nous sommes.

Alors, reportez-vous à des moments pendant lesquels vous vous ennuyiez à ne pas savoir quoi faire, et tourniez en rond.

Lancez alors votre imagination et votre créativité pour rejouer le scénario et vous demander ce que vous auriez pu faire : lire un livre, vous occuper du jardin, organiser un dîner, vous promener, aller voir un film...

Faites la même chose pour les moments où vous savez pertinemment que vous êtes et serez désœuvré. Préparez votre « panier » d'activités et vous n'aurez qu'à l'emporter avec vous le moment venu...

CHAPITRE II

Trouver des solutions à mes problèmes

Un problème est une situation qui nous préoccupe, qui demande réflexion et pour laquelle aucune solution immédiate ne nous vient à l'esprit, aucune réponse automatique que nous aurions intériorisée pour la rendre habituelle.

Tout problème requiert qu'on se penche sur lui, qu'on en analyse les tenants et aboutissants pour être capable d'ouvrir des pistes, d'ébaucher des solutions, puis de mettre celles-ci en œuvre afin d'apporter au problème sa résolution.

Par rapport à nous-mêmes, un problème se manifestera dans un comportement que nous avons eu et qui ne nous a pas convenu, dans une attitude ou une manière d'être dont nous voulons nous débarrasser, ou encore dans la façon dont nous appréhendons la réalité.

Mon comportement ne me convient pas

Il nous arrive à tous de ne pas être contents de nous, de la manière dont nous avons agi ou réagi.

Nous nous mettons en colère et nous nous en voulons.

Nous n'osons pas dire ce que nous pensons, ou nous le disons de manière inappropriée.

Nous ne disons pas « non » lorsque l'on nous demande quelque chose.

Bref, nous ne faisons pas ce que nous aimerions faire.

Une dame me raconte ses comportements devant la façon dont sa femme de ménage lave le sol : « Elle ne rince pas lorsqu'elle a passé le produit de nettoyage, ou alors vraiment peu. Du moins pas assez à mon goût. C'est peut-être bête, mais je trouve que tous ces produits sont toxiques et qu'il faut vraiment bien rincer. Alors, dès qu'elle est partie, je rince une fois, deux fois, trois fois. C'est exténuant, et je ne suis vraiment pas contente de moi ! »

Je comprends ce que cette femme ressent. Mais la solution n'est certainement pas celle qu'elle a trouvée. D'ailleurs, elle le dit elle-même.

Alors ?

Il lui faut réfléchir à ce qui serait satisfaisant pour elle.

Que sa femme de ménage rince plus abondamment le sol ? Qu'elle-même cesse d'être perturbée à ce point ? Qu'elle arrête, derrière le dos de sa femme de ménage, de rincer son sol encore et encore ?

Certes, mais également qu'elle ne soit plus aussi anxieuse.

Une fois cela défini, comment réunir tous ces éléments ?

En tenant compte de soi, et du contexte. Et, pour commencer, en achetant des produits de nettoyage non toxiques.

Certains me diront que c'est une fuite devant la réalité, que cette femme cède à sa peur et qu'il faudrait plutôt qu'elle prenne sur elle et fasse ce qu'elle n'aime pas afin d'en prendre l'habitude.

C'est vrai dans l'absolu. Sauf que nous mettons alors l'accent sur une anxiété que nous cherchons à diminuer (et c'est bien légitime). Et nous perdons de vue que l'objectif est avant tout de laver son sol. Qu'il n'y a pas une seule et unique manière de procéder, chacun faisant comme bon lui semble.

Une fois que nous prenons conscience que ce but est atteint, alors, et seulement alors, nous pouvons faire diminuer et disparaître le malaise, les émotions désagréables et la souffrance que nous vivons à ce moment et modifier nos attitudes.

Mon attitude ne me convient pas

Vous prenez sur vous et ne dites rien, mais vous ruminez et ressassez de « mauvaises » pensées.

C'est la phrase que vous ne dites pas en réunion, alors que vous en mourez d'envie. Et moins vous la dites, plus vous vous en voulez. Plus vous vous en voulez, moins vous la dites, et plus vous vous en voulez.

Ou alors, ce sont les attitudes des gens qui vous énervent, mais vous ne leur dites rien – après tout, ce sont vos amis. Mais vous ruminez, ne comprenez pas « comment ils peuvent vous faire cela », et finalement vous leur en voulez.

Tout cela vous mine, vous rend irritable. Vous risquez d'« exploser » et d'adopter des comportements qui ne vous conviennent pas.

Ou encore êtes-vous triste et n'arrivez-vous pas à trouver des bons côtés à vos journées. Plus vous considérez que vos journées sont mornes, plus vous êtes triste ; plus vous êtes triste, moins vous voyez les bonnes choses ; moins vous les voyez, plus vous êtes triste, et ainsi de suite.

Le cercle infernal est celui de la mauvaise pensée qui entraîne une émotion négative et finalement un comportement inapproprié.

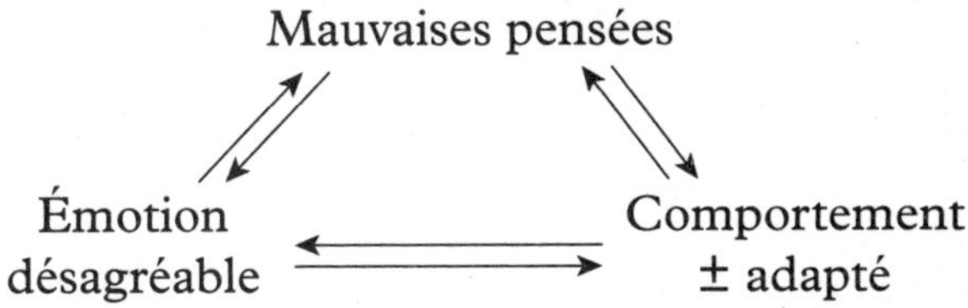

Imaginez la situation suivante : un ami doit vous rejoindre chez vous à 19 heures pour aller dîner. Il est maintenant plus de 20 heures et vous n'avez toujours aucune nouvelle de lui.

Vous pouvez vous sentir ennuyé, voire en colère : « Il ne prend même pas la peine de me prévenir ! » Quand il arrive, vous le mettez à la porte, ou bien vous adoptez une attitude froide et distante.

Imaginez quelqu'un d'autre dans la même situation.

Il pourrait être indifférent et ne rien faire de particulier : « Ça m'est égal que mes amis soient à l'heure ou pas. »

Il pourrait également être soulagé du retard de son ami, se détendre et profiter du temps supplémentaire qu'il a devant lui : « De toute façon, j'avais besoin de temps pour remettre la maison en ordre. »

Ainsi, vos émotions négatives vous poussent à interpréter la réalité dans leur sens, dans le sens du scénario catastrophe, alors qu'au fond, vous ne savez pas réellement ce qui s'est passé : peut-être votre ami a-t-il été retenu à son travail, ou bien a-t-il rencontré un problème, son fils a-t-il eu un pépin et il a fallu l'emmener chez le médecin, etc.

Pour sortir de ce cercle vicieux, l'idée n'est pas de supprimer les mauvaises pensées qui vous viennent, mais de ne pas les privilégier au détriment d'autres finalement tout aussi rationnelles et logiques, sinon plus, et de chercher des alternatives aux pensées et aux attitudes qui vous viennent spontanément.

Je ne sais pas comment faire

Des problèmes surviennent quotidiennement que nous résolvons plus ou moins facilement.

En théorie, nous commençons par définir précisément le problème, puis nous allons chercher les informations qui nous manquent, nous élaborons des solutions, les évaluons, en choisissons une et la mettons en œuvre.

Cela vaut aussi bien pour un problème professionnel (que nous appellerions effectivement un problème) que pour tout désagrément ou préoccupation du quotidien.

Nous avons des amis à dîner, le « problème » est de savoir ce que nous allons cuisiner. Nous cherchons à partir de livres de recettes, des aliments de saison, de ce que nous aimons faire, du temps disponible, ou encore de ce que nous avons servi les fois précédentes. Au final, nous élaborons notre menu et n'avons plus qu'à le réaliser.

Notre voiture est en panne ? Nous cherchons la liste des garages proches, le numéro de l'assurance ou du dépanneur. Puis nous en louons une ou prenons les transports en commun.

Les exemples sont nombreux des problèmes que nous savons résoudre.

Et comme nous savons effectivement que nous savons faire, nous ne nous posons pas la moindre question.

Les choses sont plus délicates lorsque nous savons que nous ne savons pas faire, et que nous développons des émotions secondaires qui nous freinent.

« Je viens vous voir, car je manque de confiance en moi », me dit ce jeune homme. Lorsque je lui demande dans quelles circonstances son malaise se manifeste, il me parle de soirées dans lesquelles il ne connaît pas grand monde, de files d'attente ou du métro.

« Dans le métro, je garde mon regard baissé sur mes pieds. Sinon, j'ai peur qu'en levant les yeux, les gens me voient et me parlent. Et je n'ai aucune idée de ce que je pourrais leur répondre. Je ne sais pas ce qu'on dit dans ce genre de situation. Alors je préfère ne prendre aucun risque et je ne les regarde pas. »

Tous les symptômes du manque de confiance sont là. Sauf qu'une fois que je lui eus expliqué comment se comporter, ce qui se faisait ou pas, sans aucune question supplémentaire il le mit en pratique et cessa de se poser des questions.

Il lui manquait seulement le mode d'emploi qu'il n'avait jamais eu et donc jamais appris !

Résoudre les problèmes qui surviennent dans notre vie est fondamental pour avancer. C'est ce qui nous permet d'être satisfaits de nous, de savoir que nous avons cette capacité à nous adapter, à rebondir et à faire face.

Sauf que tous les problèmes ne sont pas solvables, ni ne méritent nos efforts.

* *
*

Le journal de mes états d'âme

Tenir un journal est un moyen simple et efficace de prendre conscience de ce qui vous arrive de négatif, des conclusions que vous en tirez et de la manière dont vous réagissez.

Vous y décrivez la situation que vous avez vécue, la manière dont vous avez réagi et ce que vous avez pensé.

Faites cela régulièrement, idéalement tous les jours, pendant une ou deux semaines (plus longtemps si vous le jugez nécessaire).

Ne choisissez que les situations les plus marquantes ou les plus représentatives de ce qui vous concerne en ce moment. Il n'est donc pas utile de tout noter. Cela ferait trop et risquerait d'être déprimant.

Au contraire, dites-vous qu'en notant ce qui vous est arrivé, en en prenant conscience, c'est constructif, car c'est le premier pas pour avancer.

CHAPITRE III

Me remettre en question

Quand nous remettons-nous en question ? Lorsque tout va bien, que nous sommes insouciants et que nous profitons du moment présent ?

Non, bien sûr, mais lorsque nous avons un doute, que quelque chose nous chiffonne, lorsque nous sommes mal à l'aise, gênés aux entournures, préoccupés, inquiets.

Le point d'entrée : une situation désagréable

Nous vivons tous des moments difficiles : ils font partie de la vie et nous ne pouvons pas les supprimer. Par contre, notre bien-être dépend de la manière dont nous les vivons, ce que nous en faisons par la suite.

Soit nous les acceptons et essayons d'en tirer parti lorsque c'est possible, soit nous les refusons, cherchons par tous les moyens à les contrôler afin de les éradiquer, et développons une série d'émotions négatives en réponse.

C'est la spirale infernale vers une remise en question aussi inefficace que douloureuse.

Nombreuses sont les personnes qui me décrivent le même phénomène.

Telle cette mère d'un petit garçon : « Lorsqu'il fait une bêtise, je m'énerve et je me mets à crier. Mes propos deviennent blessants et inappropriés et, naturellement, lorsque je suis calmée je ne suis pas d'accord avec ce que je lui ai dit. Alors je m'en veux terriblement et je culpabilise pendant des heures. Mais plus je culpabilise, plus je suis mal à l'aise ; plus je suis mal à l'aise, plus je suis tendue ; plus je suis tendue, moins je suis disponible pour lui ; moins je suis disponible, plus ce qu'il fait a tendance à m'irriter ; et plus je suis irritable, plus je me mets facilement en colère ! C'est invivable pour tous. »

Se mettre en colère ainsi n'est évidemment jamais agréable, et pas toujours approprié en effet. Par contre, se taper la tête contre les murs ne fera jamais avancer. Bien au contraire.

Cette dame ne va pas dans la bonne direction, il lui manque les bons outils ou les bonnes méthodes pour cela.

Elle sait cependant identifier ce qui ne lui convient pas et sait effectivement se remettre en question. De la mauvaise manière, mais c'est un premier pas. Car comment avancer, si nous n'avons pas conscience de la direction dans laquelle nous voudrions aller ou de ce qu'il faudrait changer ?

Tout va bien... ou presque !

Agressivité, ressentiment, colère, autant d'émotions, ô combien douloureuses, qui reflètent une situation désagréable, mais dont nous n'avons, la plupart du temps, pas conscience. Ou plutôt au sujet de laquelle nous ne nous remettons pas en question, mais renvoyons la responsabilité sur les autres.

Telle l'étudiante dont je parlais précédemment, ou cette femme, comptable dans une petite entreprise : « Comprenez ce que je ressens : lorsque mon petit garçon est né, il a souvent été malade, alors il fallait bien que je sois absente du travail. Toujours avec un certificat médical, bien sûr. Et pourtant mon patron me faisait chaque fois des réflexions. C'est du harcèlement, n'est-ce pas ? »

Je comprends cette jeune femme qui doit s'occuper de son enfant. Mais je comprends aussi son patron qui doit se débrouiller avec une personne régulièrement absente.

Dans l'histoire, les deux ont raison. Néanmoins, cette jeune femme ne voit pas que si son patron lui a fait des remarques, il lui a aussi donné sa prime de fin d'année comme si de rien n'était.

Au final, elle a systématiquement peur lorsqu'elle doit être absente, elle prévient son chef en étant elle-même mal à l'aise ou avec agressivité, craignant de se faire rabrouer, et en somme elle tend le bâton pour se faire battre : « J'avais prévenu mon patron que nous partions en week-end pour un pont, et la veille mon fils était malade. Mon boss n'étant pas là, je pose donc mon certificat médical sur son bureau pour qu'il le trouve lundi en revenant. À peine étais-je de retour de week-end qu'il m'agresse en me disant – bon, d'accord, avec humour – que j'étais une mauvaise maman d'être partie en emmenant mon fils malade ! »

Qu'a dû penser le patron ? Que sa collaboratrice prenait un jour de plus pour rallonger son week-end.

En ce sens, je dirais que cette femme considère son point de vue comme étant le bon et n'essaye même pas de se poser la question de ce que peuvent ressentir les autres, ni comment elle aurait pu modifier son attitude pour éviter les remarques de son patron.

Nous avons tous vécu des situations similaires, par exemple lorsqu'une personne importante à nos yeux nous fait une remarque sur la qualité de notre travail. Notre premier réflexe est de démentir (non, je n'ai pas fait cela) ou de chercher une raison pour nous justifier (oui, mais c'est parce que...). C'est humain, et il nous arrive également de nous reprendre un peu plus tard, ou de penser à la remarque pour la mettre à profit.

Pour résumer, lorsque survient un problème, on peut rejeter la responsabilité sur les autres et l'on ne progresse pas, et l'on peut se remettre en question et vivre mieux.

Savoir se remettre en question est tout un art, car il s'agit d'accepter sa propre responsabilité sans l'engager systématiquement et en considérant que les autres font partie de la solution.

* *
*

Je suis mon propre critique

Prendre du recul par rapport à ce que nous vivons afin d'être critique, objectif et de pouvoir se remettre efficacement en question, ce n'est pas si simple lorsque nous sommes à chaud dans l'émotion suscitée par la situation que nous venons de vivre.

Un moyen simple consiste à imaginer que nous sommes une autre personne en train d'agir à notre place, alors que nous nous observons de manière impartiale.

Mettez-vous d'abord dans le bon état d'esprit en vous remémorant un moment où vous étiez en pleine forme, où tout vous réussissait.

Repassez-vous le film de la situation sur laquelle vous souhaitez votre avis, comme si vous n'en étiez qu'un observateur neutre. Vous vous voyez agir.

Imaginez alors qu'un troisième « vous » entre en scène et commence à critiquer le vous-acteur.

Le vous-observateur a pour rôle d'être impartial et objectif ; il recadre le vous-critique si ses remarques sont disproportionnées ou non appropriées.

Il peut également demander des précisions si le vous-critique est trop vague ou trop personnel : « Tu as été nul » oblige à préciser ce qui permet de porter ce jugement extrême, quels sont les faits qui le démontrent...

Terminez l'exercice sur une note constructive : tout cela vous sera utile, car vous vous en souviendrez lorsque vous vivrez une situation similaire.

Avancer, c'est avoir des projets qui nous tirent, qui nous poussent à construire pour atteindre notre vie idéale.

Cela ne veut en aucun cas dire qu'une fois que nous aurons atteint celle-ci, nous nous étiolerons faute de moteur.

Car le moteur, ce sera l'épanouissement au sein de cette vie.

Les projets deviennent alors moins « métaphysiques », moins cruciaux, mais plus intrinsèques et plus internes, voire plus quotidiens, automatiques, mais tout aussi indispensables.

Avancer, c'est également se remettre en question pour réduire l'écart entre notre vie actuelle et notre vie idéale. Pour identifier les points d'achoppement, les problèmes qu'il reste à résoudre.

C'est donc regarder derrière soi pour identifier les erreurs commises. Pas pour ratiociner et ressasser en vain, mais pour être constructif, réfléchir à des solutions et les mettre en œuvre.

DEUXIÈME PARTIE

Je regarde en arrière (la dernière fois n'était pas la bonne)

Interroger son passé peut être très constructif.

La première vertu est que cela nous permet de prendre conscience de nos difficultés d'une manière précise et concrète.

Combien de fois avons-nous été mécontents de nous-mêmes parce que nous n'avions pas su faire ce que nous entreprenions comme nous l'aurions voulu, qu'il s'agisse d'une conversation avec des personnes nouvelles ou d'un projet plus construit !

Restons-nous focalisés sur notre désappointement, culpabilisés de n'avoir pas mieux fait ?

Ou ne nous disons-nous pas : « Cette fois-ci n'était pas la bonne, mais la prochaine le sera » ?

En disant cela, nous acceptons que les difficultés et les imperfections fassent partie de la vie, car nous savons que c'est ainsi que nous pouvons progresser. La vie, ce sont des réussites et des échecs, des joies et des peines, et rien de ce que nous pourrions dire ou faire n'y changerait quoi que ce soit.

Il y a, et il y aura toujours, des moments difficiles, mais tous ne sont pas à considérer de la même manière. Qu'un deuil nous attriste et nous fasse souffrir, rien de plus normal. Que ce deuil s'installe et perdure, aussi intense et douloureux quelques années plus tard, et là, nous savons bien, nous le sentons, qu'il peut y avoir des choses à faire pour aller mieux.

Nous ne sommes pas égaux devant les difficultés, et ce que nous ressentons, nos émotions négatives, suffit à nous décider à réagir et à mettre en œuvre les outils existants pour avancer.

Que de personnes me disent : « Non, je ne vais pas bien, mais je n'ai aucune raison pour cela. Il y a tellement plus de gens à plaindre que moi ! »

Rationnellement, c'est peut-être vrai. Mais si cela suffisait pour aller bien, cela se saurait.

Ce n'est pas le cas. Alors, à toutes ces personnes qui pensent que leur souffrance et leur désir de progresser ne sont pas légitimes, je dis qu'elles seules sont dans leur peau et savent ce qu'elles vivent, et cela seul suffit à intervenir.

Il leur faut néanmoins ne pas mettre toutes leurs difficultés dans le même sac, apprendre à faire le tri entre ce qui vaut la peine d'être mis en question et ce qui ne le mérite pas, apprendre à changer de lunettes pour progresser et ne pas accentuer leur mal-être.

Ce n'est pas très difficile avec de la motivation et les bons outils, à condition bien sûr de déjà savoir ce qu'il faudrait changer pour que tout aille bien...

CHAPITRE IV

Percevoir mes difficultés

Il n'y a pas de période particulière pour avoir envie d'avancer dans sa vie.

On entend parfois dire qu'il faut se remettre en question tous les dix ans, ou à des âges supposés charnières.

Vous pouvez avoir en permanence envie d'avancer, tout comme vous pouvez vous le dire lors de changements importants : la naissance de votre premier enfant, un nouveau travail, l'acquisition d'une maison, une mutation en province ou à l'étranger...

Dans un cas comme dans l'autre, nous nous posons des questions grâce aux difficultés que nous rencontrons ou que nous pensons rencontrer.

Elles matérialisent le fait que nous n'avons pas réussi, ou que nous ne sommes pas à l'aise. Elles représentent la plupart du temps le moteur le plus puissant qui nous pousse à nous remettre en question.

Le point d'entrée est ainsi constitué par nos émotions négatives. Il convient de les repérer pour définir ce qui nous gêne et ce que nous voulons changer.

Je trouve le temps de me poser pour faire le point

Il est important, chaque jour, de prendre du temps pour soi, pour réfléchir efficacement sur soi-même et sur sa vie.

Cinq minutes suffisent à condition d'être dans la bonne disposition d'esprit.

Ne dites pas que vous n'avez pas le temps, le tout est de le vouloir et surtout d'y penser. C'est surtout cela qui est difficile, car vous êtes pris comme tout à chacun dans le flux des habitudes, de la lassitude et de l'envie de vous changer les idées.

Un moyen efficace est d'utiliser des moments où vous ne pouvez rien faire de particulier, par exemple dans les transports, en revenant du travail.

Mettez ce temps incompressible à profit pour faire le bilan de votre journée.

Notez, au propre ou au figuré, selon ce qui vous convient le mieux, tout ce qui vous a déplu chez vous comme chez les autres.

Soyez concret dans votre propos : le but n'est certainement pas de dire que « rien n'allait, tout a été de travers, il y a des jours où tout va mal », mais d'identifier les situations précises dans lesquelles ça s'est mal passé, soit que vous ayez ressenti de l'anxiété ou un coup de blues, soit que votre attitude ne vous ait pas convenu, soit encore que vous ayez fui devant ce que vous aviez à faire et que vous n'en ayez pas eu le courage.

N'oubliez pas : le but n'est pas de vous déstabiliser en pointant du doigt tout ce qui ne va pas, mais bien plutôt d'avancer.

Et l'on n'avance pas tant que l'on ignore ce que l'on veut ou voudrait changer.

Pensez à tenir le journal de vos états d'âme chaque jour ou tous les deux jours. Plus régulièrement vous le ferez, plus vite vous changerez vos habitudes.

En quoi suis-je responsable ?

Une fois identifiées les situations problématiques, il est important de se poser les bonnes questions, se remettre soi-même en cause – mais pas trop, ni tout le temps – et définir précisément sa responsabilité.

Un patient me disait récemment : « Tout est allé beaucoup mieux dans ma vie à partir du moment où je n'ai plus attendu des gens que ce qu'ils étaient prêts à faire. Avant j'attendais qu'ils m'appellent pour sortir, qu'ils me proposent des projets, voire du travail, qu'ils m'aident à rencontrer une copine car j'étais célibataire... Lorsqu'ils ne le faisaient pas, je leur en voulais. Maintenant, je me suis pris en main, j'ai accepté mes responsabilités et, au lieu que ça vienne d'eux, si je veux sortir par exemple avec eux, je les sollicite le premier. Ma vie est beaucoup plus agréable. »

Il ne s'agit pas de rejeter toutes les responsabilités sur les autres, mais pas non plus de tout prendre sur vous, ce qui est pourtant ce que nous avons tendance à faire beaucoup plus facilement lorsque nous nous remettons en question.

Imaginez que vous soyez à un dîner et que l'un de vos interlocuteurs monopolise la conversation, écoute à peine lorsque vous essayez de parler, ou vous dise que vous n'y connaissez rien. Si vous êtes dans une période de remise en question, vous aurez tendance à penser que vraiment vous ne savez pas vous y prendre avec les autres, que votre responsabilité est engagée et que tout vient de vous. Sinon, que vous diriez-vous ? Que vous avez en face de vous un « beau parleur », un « animateur » qui fait peu de cas de ses interlocuteurs (et pas seulement de vous), et vous ne vous sentiriez pas responsable.

Posez-vous la question à propos des situations désagréables que vous vivez et vous verrez que vous en supprimerez un grand nombre dans votre liste de problèmes à résoudre.

Ce faisant, vous serez capable de tirer les leçons de vos difficultés et serez alors sur la bonne voie pour vous en débarrasser.

* *
*

Ce n'est pas « si pire »

J'aime bien cette expression des Québécois pour nous dire que ce n'est pas si grave que cela.

Mis à part quelques situations effectivement dramatiques, la plupart ne sont pas « si pires ». Votre enfant n'est pas dans la classe de ses copains ? Dites-vous qu'en plus il aurait pu redoubler, qu'il a peut-être de meilleurs enseignants, que son ancienne classe n'était peut-être pas si agréable que cela...

Votre copine vous a laissé tomber ? Vous pourriez également avoir perdu votre travail, ne pas avoir d'amis, et ce n'était peut-être pas la femme de votre vie...

Tout cela est certes facile à dire, et beaucoup plus difficile à vivre, même si c'est la réalité.

Pour vous aider, essayez de vous mettre à la place d'une personne qui se trouverait dans la même situation. Que lui diriez-vous ? Comment vivrait-elle le problème ?

Imaginez également que vous êtes un observateur de ce que vous vivez. Que diriez-vous ? Comment essayeriez-vous de vous aider ?

Et puis, imaginez-vous dans cinquante ans, voire plus, en train de raconter votre vie à vos petits-enfants. Que mettez-vous en avant ? Vos échecs ?

D'ailleurs, vous en souvenez-vous comme des échecs ? Ou vos réussites et la manière dont vous avez su rebondir.

Au final, tout cela vous permet de vous dire : « Ce n'est pas si pire ! »

CHAPITRE V

Tirer des leçons

Une fois que vous avez identifié ce qui vous dérange, vous pouvez continuer votre chemin et réfléchir aux solutions qui vous conviendraient.

Comment aurais-je voulu réagir ?

Nous ne pouvons pas changer notre comportement tant que nous ne savons pas comment nous aurions voulu nous comporter.

Demandez-vous comment vous auriez voulu réagir dans l'idéal. Évidemment, vous ne pouvez modifier que votre comportement : rien d'autre ne change, ni le contexte ni les réactions de votre entourage.

Posez-vous maintenant la question de la viabilité de votre scénario : est-il envisageable au su du contexte et de la personnalité de votre interlocuteur ?

Une jeune femme rend visite à ses parents. Elle ne les voit pas souvent mais chaque fois l'histoire se répète : « Au début, je fais des efforts ; puis, inéluctablement, vient le moment où mon père me dit ce que je devrais faire. J'en ai assez qu'il me répète encore et encore que ma vie ne va pas. Tout simplement parce que je suis à mon compte, que je ne suis pas mariée – même si je vis avec Guillaume depuis dix ans – et que je n'ai pas d'enfants. Mais c'est ma vie et elle me plaît ! Et, comme j'en ai assez, à chaque fois j'explose et on se dispute. »

Le scénario idéal de cette jeune femme ? Que son père cesse de l'asticoter pour lui faire dire qu'il a raison.

Évidemment, cela ne colle pas : en effet, ce faisant, elle oublie la personnalité de son père et voudrait finalement le changer.

En peaufinant, on arrive à l'idée que son père est comme il est, que c'est l'un des paramètres de l'équation qu'elle cherche à résoudre, mais qu'elle l'avait oublié dans l'affaire.

Alors ?

Le scénario idéal revient à changer la fin du film en modifiant son propre comportement, donc à éviter la dispute qui clôt invariablement leurs rencontres.

Pour cela, deux solutions : soit intervenir directement au moment de se mettre en colère, par exemple avec humour ou en pratiquant la technique de la détente active qui permet de se relaxer en quelques secondes, et donc évite l'énervement.

Soit, et dans le cas présent c'est ce qui me semblerait le plus approprié, éviter l'éternelle répétition que sa vie ne va pas en anticipant ce genre de propos. À un moment où tout le monde est détendu (en amont), glisser une petite phrase du genre : « Je suis bien contente de ma vie et je ne la changerais pour rien au monde. »

Alors son père sera rassuré de savoir que sa fille est heureuse. Après tout, n'est-ce pas le vœu de (presque) tous les parents ?

Qu'aurais-je dû ressentir ?

Souvent, dans une situation déplaisante, l'émotion dont nous avons conscience n'est plus la bonne, ou est démesurée.

Imaginez que le train dans lequel vous voyagez s'arrête entre deux gares. Vous ressentirez logiquement de la contrariété. Si, par contre, vous êtes plutôt anxieux, ou que vous avez la phobie du train, vous ne percevrez pas cette contrariété, mais une angoisse grandissante.

Essayez de ne pas tout « mettre dans le même sac » et réfléchissez à ce que vous avez dû ressentir en premier lieu, ce que les autres peuvent ressentir dans des circonstances analogues.

Que puis-je penser d'autre ?

Toute situation désagréable génère en nous des pensées négatives qui ne reflètent pas forcément la réalité.

Dans l'exemple ci-dessus, la jeune femme imagine que son père veut lui dicter sa conduite et jouer encore, alors qu'elle est adulte, son rôle de père.

Que peut-on penser d'autre ?

Qu'il est inquiet pour sa fille devant une situation professionnelle et personnelle qu'il juge – avec ses critères à lui, son histoire et ses valeurs – instable. Et c'est probablement pour lui d'un tel réalisme qu'il ne peut envisager que sa fille puisse être heureuse ainsi.

Devant une situation instable (d'après lui), comment réagirait n'importe quel parent ? Par l'inquiétude bien sûr, et bien sûr encore en essayant de convaincre son enfant de trouver une position plus stable.

Il est donc évident que sa fille se doit de le rassurer puisqu'elle est heureuse ainsi.

Et le fait est qu'après avoir réussi à lui glisser ce genre de phrase une fois ou deux, elle a pu constater que son père cessait de lui donner des conseils, et leurs relations se sont améliorées rapidement !

Faites de même, et pour chaque situation désagréable que vous avez identifiée, demandez-vous ce que vous pensez, puis ce que vous pourriez penser d'autre.

Aidez-vous en imaginant ce que vous conseilleriez à un ou une ami(e) qui vous raconterait ce que vous avez vécu.

Ne faites pas cet exercice à chaud dans la situation, car vos émotions négatives parasiteraient le processus en ne vous donnant accès qu'à de « mauvaises » pensées.

Il est également possible que, même en réfléchissant, vous ne trouviez pas la bonne explication : vous ne savez pas ce qu'est la vie exacte de votre interlocuteur, quel est son état d'esprit, etc.

Aussi, dans la quête des pensées alternatives, j'aime bien ajouter : « Plus toutes les pensées auxquelles je ne penserai jamais, car je ne suis pas dans la tête de l'autre. »

Comment les autres font-ils ?

Lorsque vous ne savez pas comment vous devriez vous comporter dans telle ou telle circonstance, commencez par observer les autres. Regardez comment ils procèdent. Est-ce qu'ils se parlent dans le métro dès qu'ils ont le nez en l'air ? Non, ils regardent les affiches, écoutent les conversations, lisent un livre, font des mots croisés, lisent par-dessus l'épaule de leur voisin, et parfois échangent quelques mots de circonstance.

Cela vous éclaire sur ce qui se fait couramment et vous permet de mettre vos idées à plat quant à la survenue de votre scénario catastrophe.

Si je reprends l'exemple du jeune homme qui craint qu'on ne lui adresse la parole, en observant ainsi les autres, il se rendrait compte de toutes les activités anodines que pratiquent les gens dans le métro. Il verrait qu'ils ne sont pas tous focalisés sur ses faits et gestes et qu'ils ne vont pas « lui sauter sur le poil » dès qu'il lève les yeux de ses chaussures.

Apprenez à regarder les autres, vous vous rendrez compte du bien-fondé de vos idées et de ce qu'il vous est possible de faire.

« *Il ne faut jamais faire d'erreurs* »

« *Errare humanum est, perseverare diabolicum.* » Nous savons depuis la nuit des temps que les erreurs nous sont indispensables.

Pourtant, cela reste à l'état d'une maxime dont peu de gens prennent la mesure.

C'est pourtant l'un des modes d'apprentissage les plus fondamentaux.

Le premier apprentissage est l'imitation. On imite un modèle en qui l'on puisse croire : les parents, les enseignants, les figures emblématiques tels les héros de bandes dessinées, de roman ou de cinéma...

Le deuxième est l'apprentissage formel, scolaire, tel qu'il se déroule à l'école.

Le troisième, et le plus important à mon sens, est l'apprentissage par essais-erreurs : l'expérience.

Nous faisons un essai, nous nous rendons compte que ce n'est pas approprié, nous recherchons alors une autre solution jusqu'à ce que l'objectif soit atteint. C'est ce qui se passe lorsqu'un nourrisson essaye par exemple de marcher : il met son poids d'un côté, tombe, le met de l'autre, bascule, jusqu'à ce qu'il ait réussi à équilibrer son centre de gravité et qu'il marche.

Cela veut donc dire que nous ne pouvons avancer qu'en tirant parti de nos erreurs. Qu'elles sont fondamentales, car elles montrent que nous essayons de progresser, que nous expérimentons de nouvelles choses et que nous ne restons pas figés.

Elles sont donc capitales... à condition de ne pas s'arrêter là et d'en tirer les conséquences, les leçons, afin d'éviter de les reproduire et nous permettre d'évoluer.

À l'inverse, quelqu'un qui ne commettrait jamais aucune erreur serait figé dans ses positions et ne se remettrait pas en question.

Si vous faites une erreur, ne vous dévalorisez pas, mais prenez-en acte, factuellement, et mettez tout en œuvre pour qu'elle ne se reproduise plus.

Cherchez aussi ses tenants et ses aboutissants. Cela vous donnera des pistes pour les faire disparaître.

* *
*

Je choisis la durée de mes émotions

Nous savons bien que lorsque nous sommes la proie d'une émotion, nous n'arrivons plus à réfléchir : c'est alors le scénario catastrophe qui prime, ou l'euphorie qui devient la règle. Nous avons perdu le sens de la mesure et le discernement.

Et nous savons combien il est difficile d'en sortir.

Difficile, mais pas impossible. Certains vous diraient : « Il suffit de prendre sur soi. » Ce n'est pas faux.

Pourquoi ?

Notre cerveau est constitué de deux hémisphères. En simplifiant, je dirai que l'un est notre « cerveau rationnel », qui raisonne, tient compte du contexte, de la société qui nous entoure, de notre histoire, de ce que nous avons appris et vu autour de nous tout au long de notre vie, de ce qui « se fait et ne se fait pas », des habitudes que nous avons prises...

L'autre est notre « cerveau émotionnel », qui nous dicte nos émotions.

Ces deux hémisphères fonctionnent ensemble, faisant de nous des individus équilibrés : ni trop de raison ni trop d'émotions.

Ils fonctionnent ensemble en permanence, ou presque.

Ou presque, car il est possible à tout un chacun d'accorder plus ou moins d'importance au raisonnement ou aux émotions. De le décider, de le choisir et de le mettre en pratique, dans une mise en œuvre régulière et quotidienne.

Le mécanisme est le suivant : supposons que vous vous mettiez en colère car votre conjoint vous dit : « Ce soir, je n'ai pas faim » et ne mange pas ce que vous lui avez préparé avec amour. Sur le coup, bien évidemment, vous êtes déçue. Qu'est-ce qui engendre votre colère ? Est-ce votre déception ? Non. Ce sont les pensées (la raison) que vous y associez : il ne mange pas car il n'aime pas ma cuisine ; en plus, il ne fait aucun effort ; s'il ne fait pas d'effort, c'est qu'il ne m'aime pas. Vous voilà prise dans la spirale infernale des émotions négatives et des pensées qui s'auto-alimentent.

La réponse est simple.

Il s'agit de prendre conscience que c'est vous-même qui créez les émotions secondaires que vous ressentez.

Ainsi, vous serez capable d'arrêter la spirale au bout d'environ trois minutes. Car trois minutes représentent en gros le temps nécessaire à une émotion pour survenir et disparaître.

Magie ? Non, simple entraînement.

CHAPITRE VI

Comprendre d'où viennent les difficultés

Chercher à comprendre l'origine de vos difficultés ne signifie pas remonter dans le passé pour mettre en lumière les événements de votre vie qui vous ont conduit là où vous êtes aujourd'hui, mais plutôt mettre en perspective les tenants et aboutissants de ces difficultés afin de vous aider à leur trouver des solutions.

La compréhension seule ne suffit pas

Imaginez que vous vous blessiez à la main en tombant sur un tesson de bouteille. Vous pouvez en chercher la cause (pourquoi un tesson se trouvait là, qui l'y a mis, qui a oublié de le jeter ?), réfléchir à ce qui vous a mené à chuter (j'étais dans mes pensées, j'ai trébuché, mais pourquoi ai-je trébuché ? mes muscles ne m'ont pas obéi)... Pendant ce temps, votre coupure reste non soignée et risque de s'infecter.

Vous pouvez également chercher à comprendre, d'un point de vue physiologique, ce qui se passe au niveau de vos tissus : comment le sang circule, ce que cause une coupure comme dégâts internes... et, en ce sens, gratter encore et encore votre coupure.

Au final, vous aurez une cicatrice toute boursouflée qui aura envahi la paume de votre main et vous fera souffrir en permanence.

À l'inverse, vous pouvez décider que les causes sont peu importantes, vous désinfectez votre blessure, mettez un pansement et cessez de vous en préoccuper.

Vous n'aurez plus qu'une mince cicatrice qui ne se rappellera à vous que lorsque vous la verrez.

Cet exemple est caricatural. Quoique...

Nous savons bien en effet que ce que nous vivons est marqué par les événements que nous avons vécus. Le savoir ne fait pas de mal. Mais *quid* des solutions une fois que nous avons dit cela ?

Nous entendons tous et le disons d'ailleurs nous-mêmes : « Cette personne a des excuses, souvenez-vous de ce qu'elle a vécu dans son enfance. »

Si c'est bien sûr la réalité, cela peut donner lieu à des attitudes compréhensives face à ses comportements par exemple. Mais en quoi cela l'aidera-t-elle à s'en débarrasser ?

Des parents anxieux vont transmettre un « terrain prédisposant » à leurs enfants, qui auront plus de risques, une fois adultes, de développer à leur tour de l'anxiété que des enfants ayant grandi dans une famille moins anxieuse.

Mais en quoi le fait de savoir que leurs parents étaient anxieux et qu'ils leur ont transmis cette prédisposition permet-il à des adultes anxieux de perdre leur anxiété et d'avancer dans la vie ?

La compréhension ne suffit pas. Elle peut être intéressante pour donner un éclairage et une légitimité aux problèmes qui vous habitent, ainsi qu'une indulgence pour les autres. Mais elle ne peut en aucun cas vous aider à les résoudre.

Elle peut même vous conduire à les exacerber.

Ainsi cet avocat qui vient me voir pour des problèmes de stress : « Je sais exactement l'origine de mes difficultés : un père autoritaire. Seulement, mon problème est que, dès que je dois plaider, c'est lui que je vois dans la figure du juge. Alors je perds mes moyens. »

Que vivre avec un père autoritaire l'ait marqué, c'est certain. Qu'il n'ait pas réussi à acquérir suffisamment de confiance en lui, c'est possible. Par contre, assimiler tous ses problèmes à cela, et voir partout son père, cela ne l'aide en rien.

La première des choses est déjà de voir que le juge n'est pas son père, ni au propre ni au figuré, mais un être humain avec sa personnalité propre. En somme, ne pas tout mettre dans le même panier.

Ensuite, il faut se poser les bonnes questions, identifier ce qu'on craint réellement et en discerner le contexte.

Mes difficultés : leur contexte

Identifier ce qui déclenche vos problèmes, ce qui les diminue, ce qui les renforce, ce à quoi cela vous renvoie... vous aidera à leur trouver des solutions.

Un monsieur me dit : « Dès que j'approche du métro, je commence à penser que ça ne va pas aller, que je vais me sentir oppressé, qu'il ne va pas assez vite, alors que je suis fatigué et pressé de rentrer chez moi. »

Cet homme croit qu'il a peur du métro. Pourtant, ce n'est pas le métro qu'il n'aime pas, mais le fait de ne pas arriver plus vite chez lui.

Il ne ressent d'ailleurs pas les mêmes angoisses le week-end, lorsqu'il a tout son temps.

Tout commence à la sortie du bureau, lorsqu'il court pour attraper le métro « d'avant ». Puis il s'impatiente sur le quai, s'énerve tout le long du trajet et se remet à courir en sortant pour arriver chez lui.

Ainsi l'événement déclencheur est la peur de ne pas avoir assez de temps chez lui, de ne pas pouvoir se coucher suffisamment tôt pour récupérer de sa fatigue de la journée, et d'être encore plus fatigué le lendemain et, partant, moins efficace dans son travail. Son contrat ne sera pas alors renouvelé ou son patron ne le recommandera pas à ses collègues (il travaille en intermittent du spectacle dans la réalisation de films d'animation et a donc besoin d'enchaîner les contrats).

Cela étant identifié, on peut se poser les bonnes questions, immédiates ou de fond. Est-ce que gagner cinq minutes dans les transports lui laissera plus de temps pour dormir ? Ses employeurs ont-ils toujours été contents de lui et a-t-il toujours réussi à trouver des contrats ? Lui a-t-on proposé de monter en grade ? S'énerver dans le métro lui permet-il d'être plus serein et de gagner du temps ?

On peut ensuite chercher ce qui lui permettrait d'être plus détendu dans le métro. Puisqu'il en est capable le week-end, il n'y a pas de raison qu'il ne le puisse pas durant la semaine.

Par exemple, emmener un livre, écouter de la musique, penser au dîner qu'il se préparera en rentrant, jouer à un jeu sur son téléphone... autant d'activités qui lui permettent de s'occuper l'esprit autrement qu'en focalisant sur ce métro qu'il n'aime pas. Décentrant ainsi son attention, il y est moins sensible, le temps passe plus vite, et son problème diminue.

On peut également étudier des alternatives au métro : aller à pied pour se changer les idées, utiliser un vélo...

Enfin, prendre conscience que le problème du métro le renvoie en fait à un problème professionnel permet à cet homme d'adresser les questions de compétences, de risques professionnels et d'organisation de son travail. Non pas simplement pour les identifier, mais bien pour s'y préparer et s'en prémunir au cas où cela s'avérerait nécessaire.

Souvent les difficultés, lorsqu'elles sont un peu récurrentes, montrent un contexte similaire.

Se pencher dessus permet d'aller au fond des choses et de ne pas se cantonner à l'aspect émergé de l'iceberg.

Une fois identifiées vos difficultés, faites le petit exercice suivant : demandez-vous ce qui les déclenche ; quelles stratégies vous avez réussi à mettre en place pour, bon an mal an, faire avec ; et surtout ce à quoi cela vous renvoie. Vous risquez ainsi d'éclairer une autre problématique qui y est liée et qui est également importante.

Cela vous permettra de mettre vos problèmes à leur juste place et de ne chercher à résoudre que ceux qui en valent la peine, qui sont vraiment importants pour vous.

* *
*

Indulgence mode d'emploi

Combien de fois nous traitons-nous de tous les noms parce que nous n'avons pas agi comme nous l'aurions souhaité ?

Combien de fois pensons-nous que nos concitoyens sont incompétents, ou pire, car ils ne se sont pas comportés comme nous aurions voulu qu'ils le fassent ?

Combien de fois entendons-nous : « Mets-toi à sa place », pour comprendre les réactions d'autrui, mais sans avoir le mode d'emploi.

En développant votre indulgence et votre compréhension envers vous-même et envers les autres, vous court-circuiterez animosité, frustration, colère et énervement.

Le processus est relativement simple, et particulièrement efficace.

Le plus difficile cependant, est le début : trouver un moment où vous serez disponible et au calme. Vous n'avez pas besoin de beaucoup de temps, quelques minutes suffisent.

Une fois cela fait, confortablement installé et préoccupé de rien (ou de pensées de peu d'importance), commencez par vous imaginer face à quelqu'un dont vous savez que l'amour à votre égard est inconditionnel. De quelqu'un qui, quoi que vous ayez pu faire par le passé et quoi que vous puissiez faire dans l'avenir, vous témoignera toujours cet amour, cette tendresse et cette bonté : d'expérience, la personne qui revient le plus souvent est votre grand-mère.

Imaginez-vous alors en train de passer un bon moment avec elle...

Cette première étape a pour but de vous mettre dans un état d'esprit favorable.

Imaginez-vous maintenant en train de témoigner ce même amour, cette même indulgence, cette même compréhension envers quelqu'un : il s'agit souvent de votre enfant.

Revivez maintenant la scène qui a été douloureuse pour vous, dans laquelle vous n'avez manifesté aucun de ces sentiments.

Instantanément, grâce aux deux étapes précédentes, vous êtes enclin à la compréhension et à l'indulgence. Soit qu'il s'agisse de vous-même, que vous voyez alors avec les yeux d'une autre personne qui vous comprend. Soit qu'il s'agisse d'un interlocuteur que vous comprenez également.

Seul, cet exercice procure une grande sérénité.

Couplé aux réflexions que vous pourrez mener pour vous remettre en question, il vous permettra de progresser d'autant plus rapidement.

CHAPITRE VII

Chaque chose a sa juste place

Vous avez pris conscience des problèmes que vous souhaitiez résoudre. Il s'agit maintenant de ne pas tout mettre dans le même sac. En effet, lorsque quelque chose nous préoccupe, nous avons le plus grand mal à faire la part des choses et à ne pas considérer toutes les situations analogues comme problématiques.

Tout n'est pas un problème

Supposez que vous soyez tranquillement en train de conduire lorsque la voiture qui vous suit vous double et vous fait une queue de poisson.

Je pense que vous serez d'accord avec moi pour dire que ce n'est pas du tout agréable.

La plupart d'entre nous vont alors s'énerver, pester après le chauffard en question.

Mais, finalement, est-ce que cela en vaut la peine et y peut-on quelque chose ?

Vous énerver, lui faire des appels de phares et klaxonner ne vont rien vous donner de plus qu'une dose d'agacement supplémentaire.

Alors ?

Alors rien. Il est légitime de s'énerver, mais il n'y a rien d'autre à faire. C'est normal et la seule chose que vous puissiez faire est d'accepter qu'il y ait dans la vie des situations désagréables, et normales, auxquelles il n'y a rien à faire.

Vous n'avez plus qu'à tourner la page et passer à autre chose.

Il est ainsi des circonstances pour lesquelles rien de ce que nous aurions pu dire ou faire n'aurait eu le moindre effet.

Il en est pour lesquelles le dénouement aurait pu être différent si nous avions eu des comportements ou des attitudes autres.

Ce sont bien les deuxièmes auxquelles il convient de vous intéresser, qu'il convient de mettre en lumière.

Il est alors indispensable de faire le tri entre toutes les situations désagréables que vous vivez, en adressant la question de leur légitimité : « La contrariété que j'ai ressentie est-elle légitime, et chacun, à ma place, aurait-il ressenti la même chose ? » ou « Y a-t-il quelque chose dans mon attitude et dans mon comportement qui ne me convient pas et que je pourrais modifier pour faire en sorte que cette situation, ou des situations similaires, cesse de m'être désagréable ? »

Si vous répondez « oui » à la première question et « non » à la seconde, alors passez à autre chose, car ce n'est pas un problème.

Sinon, cela mérite d'approfondir un peu, sachant cependant que nous ne pouvons pas tout contrôler, c'est-à-dire trouver des solutions à tout ce qui nous préoccupe.

Tous les problèmes ne sont pas à résoudre

Nous n'imaginons pas possible de ne jamais avoir de rhume ou de grippe, de ne jamais nous faire de bleu ou d'entorse, de n'avoir jamais mal aux dents ou de ne jamais nous égratigner, de ne jamais rien avoir qui cloche.

Pourquoi en serait-il autrement pour notre mental ? Le cerveau, qui le sous-tend, est un organe et, à ce titre et comme tous nos organes, est le siège de variations autour d'un état de bien-être.

De même que nous ne pouvons concevoir que notre vie entière se déroule sans « bobos », notre vie mentale en subit elle aussi.

Certains intenses et douloureux (une jambe cassée), d'autres moins vifs et plus quotidiens (se couper ou trébucher le long d'un trottoir).

Tous ne nécessitent pas de s'y intéresser de la même manière : s'il est important de désinfecter votre coupure, une fois cela fait, vous pouvez poursuivre votre journée sans plus vous en préoccuper.

Par contre, votre jambe cassée nécessite des soins intensifs et ne vous permet pas de l'oublier.

Ainsi, si tous les problèmes se manifestent à nous de par le désagrément ou la préoccupation qu'ils suscitent, tous ne réclament pas le même traitement.

En effet, imaginons que vous vous trouviez pris dans une dispute entre collègues, dispute qui ne vous concerne pas. C'est, au bas mot, désagréable, mais il n'y a rien, *a priori*, que vous puissiez faire. Vous vivez ainsi un moment négatif ponctuel, qui n'implique aucune remise en question de votre part, aucun questionnement quant à votre manière d'être, et donc aucune action à entreprendre (en somme, vous vous cognez dans le trottoir, dites « ouille » et passez votre chemin).

Imaginons maintenant que vous soyez vous-même à l'origine de la dispute. Supposons qu'un collègue vienne vous trouver pour vous demander d'effectuer un travail que vous n'avez ni le temps ni l'envie de faire et qui n'entre pas dans vos attributions. Contre votre gré vous acceptez. Mais en le traitant intérieurement de tous les noms, et en trouvant vraiment qu'il exagère. Votre ressentiment monte si bien que lorsque vous le croisez quelques jours plus tard, par exemple autour de la machine à café, vous explosez et lui dites ses quatre vérités. Il vous regarde, interloqué, et vous dit quelque chose du genre : « Tu t'es levé du mauvais pied ce matin », ce qui vous énerve encore plus.

Dans cet exemple, vous vivez finalement une situation de dispute tout à fait désagréable, mais sur laquelle il est important que vous reveniez, afin de comprendre son origine, de voir comment vous auriez pu agir afin qu'elle ne se produise pas, ce qui vous permettra petit à petit de ne plus vivre de situations équivalentes.

Avancer, c'est effectivement tirer parti de ses erreurs, de ses difficultés afin de tout mettre en œuvre pour qu'elles ne se reproduisent plus.

C'est également aller de l'avant, c'est-à-dire construire en développant des projets qui nous correspondent.

L'expérience que nous accumulons en résolvant des problèmes nous permet de développer des compétences sur lesquelles nous nous appuyons pour résoudre de nouveaux problèmes, et continuer ainsi notre chemin.

Par définition, un problème est un incident qui survient sans que nous l'ayons prévu.

En ce sens, il démontre notre capacité d'adaptation. Qui est indispensable.

En revanche, avancer implique également que nous développions des projets pour construire notre vie dans la direction qui nous correspond.

En quoi est-ce un problème ?

La question est de savoir en quoi la situation qui ne nous a pas convenu est problématique.

Telle cette femme qui me raconte sa matinée : « J'ai un exemple à vous raconter, caractéristique de ce que je voudrais changer. Voilà, je dois écrire une lettre à un patron d'entreprise avec lequel on m'a mise en relation. Eh bien, et c'est comme ça à chaque fois, pas moyen de le faire. Il a d'abord fallu que je range mon bureau, que je classe tous les papiers qui l'encombraient, que je les trie, les organise, les mette chacun à sa place dans la bonne chemise. Si bien qu'après tout cela, il ne me restait plus de temps pour ma lettre. »

Première question de ma part : « En quoi est-ce embêtant ? »

Yeux ronds de ma patiente, qui se reprend et me dit : « Oui, il est vrai que je finis par l'écrire, car j'ai pour principe de ne pas faire déborder les tâches d'une semaine sur la suivante. Mais vous comprenez bien que ce n'est pas satisfaisant : pendant tout ce temps, mon esprit n'est occupé que par les histoires de rangement. »

J'ai bien conscience que tout cela n'est pas satisfaisant, mais encore une fois en quoi est-ce un problème que d'écrire une lettre le lundi ou le mardi, tant que l'échéance n'est pas dépassée ?

Ce que je veux dire par là, c'est qu'il n'est pas constructif, ni réaliste, de focaliser uniquement sur ce que vous ressentez, sur le jugement que vous portez sur vous-même ou sur la qualité de votre travail.

La réalité est un mélange entre la réussite et ce qu'elle nous évoque, et c'est bien l'insatisfaction que nous retirons de la situation qui nous pousse à avancer : j'aurais pu faire mieux, aller plus vite, être plus efficace...

Cela à la seule condition que nous ayons effectivement conscience que le but est malgré tout atteint.

Sauf lorsque nous ne définissons l'objectif que par rapport à nous-même, à notre satisfaction, et non par rapport à la réalité, à ce que nous sommes censés faire dans telle ou telle circonstance.

En somme, cette femme oublie l'objectif qu'elle s'est fixé. Ce faisant, au fil du temps, elle ne voit plus que la rapidité avec laquelle elle souhaiterait réaliser ses tâches quotidiennes, et plus qu'elle les réalise effectivement.

Alors, le temps de retrouver cet équilibre entre le côté rationnel et le côté émotionnel, séparez les deux, de manière artificielle.

Définissez votre objectif minimal, et ne pensez qu'à lui : quelles que soient vos difficultés, ayez bien conscience que vous l'avez atteint.

Attention, il n'est pas si facile de ne pas se tromper : le but n'est pas d'être content de vous lorsque vous avez à parler en public, mais bien de délivrer l'information que vos interlocuteurs sont venus chercher, et ce, quelle que soit la manière dont vous y parvenez. Que vous parliez ou que vous ne décrochiez que quelques mots tout en ayant une présentation visuelle n'a aucune importance tant que vous délivrez le bon message et que vous ne vous sauvez pas en courant avant la fin.

Faites cela régulièrement, pour chaque situation qui ne vous satisfait pas, et vous verrez vos difficultés et votre insatisfaction diminuer progressivement.

Je ne mets pas tout dans le même sac

Je reçois fréquemment des personnes faisant des attaques de panique, des crises d'angoisse. Ce sont des réactions de peur qui se caractérisent par des manifestations physiques particulièrement intenses et douloureuses : accélération du rythme cardiaque, souffle court, transpiration, sensation d'évanouissement, perte de la réalité.

Ces personnes craignent ainsi particulièrement la survenue de ces symptômes.

Elles n'arrivent plus à faire la distinction entre les situations de peur effective (j'ai peur d'avoir un accident) et celles dans lesquelles ces symptômes se manifestent et qui n'ont rien à voir.

Tel cet homme qui me dit craindre d'aller dans un supermarché faire ses courses à cause des néons.

Telle cette jeune femme qui me dit avoir fait une attaque de panique sur son vélo. Ce qui est possible. Mais, en la questionnant, elle ne craignait rien (alors que le soir tombait et qu'elle était encore en pleine campagne et loin de chez elle). Que s'était-il passé ? Son cœur s'était mis à battre plus fort (ce qui était chez elle l'un des signes qu'une attaque de panique était sur le point d'arriver).

Ce qu'elle ne voyait plus, c'était qu'il est normal lorsque l'on fait du vélo, et qui plus est après avoir monté une côte, que notre cœur accélère.

Il est important de se demander si ce que nous ressentons de désagréable peut être assimilé à notre problématique propre.

Car nous perdons souvent notre discernement en la matière et confondons les émotions négatives que nous vivons. C'est ainsi que nous prenons fréquemment ce que nous n'aimons pas pour de la peur.

Un exemple que j'utilise régulièrement est celui du métro. Prendre le métro n'est, en général, pas quelque chose que nous aimons (dans le sens « j'aime le chocolat »). Nous le faisons, mais sans plaisir particulier, ni déplaisir non plus d'ailleurs.

Sauf que, pour des personnes un peu sujettes au stress ou à l'inquiétude, le malaise qu'elles peuvent y ressentir lorsqu'il y a trop de monde, ou qu'elles ne sont pas en forme, ne sera pas formulé comme « je n'aime pas », mais comme « ça me stresse ».

Alors que si vous posez clairement la question : « Qu'est-ce qui vous stresse ou vous inquiète dans le métro ? », elles ne peuvent que vous répondre : « Rien, je ne sais pas, mais je sens que je suis mal à l'aise ! »

« Je ne peux pas aller dans les grands magasins tellement j'ai peur. J'y pense pendant le trajet et, une fois sur place, les néons me happent, ma peur devient panique et je ne peux que m'en aller le plus vite possible. »

La peur est une réaction normale devant un danger : c'est elle qui nous fait nous préparer pour y réagir le mieux possible.

En ce sens, quel danger représentent des néons ? Aucun, bien sûr.

Que nous ne les aimions pas est une autre histoire.

De même, souvent les enfants vous disent qu'ils ont peur lorsqu'un bruit est trop fort ; ce n'est pas non plus de la peur – et il est important de le leur expliquer –, mais bien quelque chose qui leur est désagréable.

Par contre, à force de penser que nous avons peur dans une situation que nous n'aimons pas, cela peut effectivement devenir un danger.

C'est ce que nous appelons les émotions secondaires, celles qui prennent le relais une fois que nous commençons à réfléchir, et ce sont celles-là qui déclenchent le « petit vélo » et entraînent une cascade de mauvaises pensées.

Au final, il est important de se poser la question de ce que nous ressentons réellement, ou de ce que nous devrions ressentir avant d'avoir mis notre système d'interprétation en marche.

Ce sont ces émotions secondaires qui viennent parasiter notre vision de la réalité, nous faisant dire « j'ai peur » quand en fait « je n'aime pas » ou « je manque de confiance en moi » quand « je ne sais pas comment faire ».

Par définition, un problème est un incident qui survient sans que nous l'ayons prévu. Il démontre notre capacité d'adaptation. L'expérience que nous accumulons en résolvant des problèmes nous permet de développer des compétences sur lesquelles nous nous appuyons pour résoudre de nouveaux problèmes, et continuer ainsi notre chemin.

* *
*

Je sais arrêter de ressasser

Reprenons l'exemple du chauffard qui vous fait une queue de poisson.

Acceptons que nous énerver contre lui ne sert à rien, que ce n'est pas à nous de lui donner des leçons. Quoi que nous puissions dire ou faire, il nous aura déjà fait cette queue de poisson. Ressasser n'est pas la bonne solution, pour notre confort personnel.

On l'a vu, la première méthode consiste à chercher d'autres pensées que celles qui entretiennent notre énervement (se dire que sa femme est peut-être en train d'accoucher, que son fils a été hospitalisé, que ses freins ont lâché, etc.).

Ou alors, vous pouvez tourner en boucle sur le fait qu'une voiture vient de vous doubler à grande vitesse.

Quand je dis « tourner en boucle », c'est que le petit vélo est prêt à démarrer, et qu'il vous faut vous déshabituer de sa présence.

Vous verrez, plus de prise pour les émotions, plus de pensées négatives : c'est magique, et excessivement confortable.

Pour que ça marche, il faut que vous fassiez attention au choix des mots que vous allez utiliser. Si vous vous dites : « Un chauffard vient de me passer devant », évidemment, cela ne sert à rien.

Il s'agit ainsi de ne s'en tenir qu'aux faits, de rester le plus descriptif possible.

Essayez cette méthode dans la vie de tous les jours, lorsque vous êtes confrontés à des situations énervantes, mais anodines, et vous prendrez rapidement l'habitude de l'utiliser.

Nous avons passé au crible les difficultés que nous pouvons rencontrer dans notre vie. Appris à ne pas vouloir toutes les résoudre, à ne pas vouloir nous sentir responsables de tout ce qui nous arrive, à accepter que tout ne sera jamais parfait. De même qu'il existe des « bobos » physiques, il existe des « bobos » mentaux. Ils sont tout aussi fréquents et font partie de la vie.

Car la vie est ainsi faite qu'il y a des hauts et des bas. Des hauts qui sont, bien sûr, plus agréables et qui représentent la majorité des situations. Et des bas qui nous poussent à vouloir nous en débarrasser. Qui sont le signe que quelque chose ne va pas, et que nous pouvons nous améliorer.

Dans certains cas, cependant, il n'y a rien à dire ni à faire. Cela aussi, nous l'avons appris.

Avancer dans la vie, c'est tenir compte du fait qu'il n'est pas nécessaire de résoudre tous les problèmes.

C'est aussi prendre en considération une autre réalité, fondamentale : vous êtes un être humain à part entière, unique et différent. Et parfois vous perdez votre identité, vous ne savez plus qui vous êtes réellement ni comment vous fonctionnez. Vous ne savez plus comment vous devez réagir.

Vous ne pourrez avancer dans la vie qu'à la condition expresse de définir ou redéfinir clairement et en conscience qui vous êtes, c'est-à-dire aussi bien ce qui vous intéresse que ce qui vous motive, ce que vous avez réussi et la manière dont vous fonctionnez. Alors, et alors seulement, vous pourrez mener à terme les projets qui vous tiennent à cœur en étant bien avec vous, bien avec les autres et bien dans votre monde.

TROISIÈME PARTIE

Je me connais mieux que personne

« Connais-toi toi-même ! » La célèbre maxime que Socrate s'est approprié garde aujourd'hui encore toute sa puissance.

Malgré les courants philosophiques qui ont insisté sur l'importance de se connaître, l'homme a un peu perdu de cette connaissance, ou l'a mal assimilée.

Penser à soi n'est pas quelque chose qui « se fait ». Nous n'avons en effet pas de mots pour décrire l'opération qui consiste à se pencher sur soi-même, dans le bon sens du terme, c'est-à-dire pour être bien. Bien avec soi et bien avec les autres. Les seuls mots dont nous disposions sont « égoïsme », « égocentrisme » et « narcissisme ». Ce ne sont pas des termes très neutres...

Lorsque nous pensons à nous et que nous nous essayons au développement personnel, nous nous interrogeons sur ce qui est important à nos yeux, sur ce que nous aimons ou aimerions faire. Mais... nous oublions les autres.

Or, se connaître, c'est savoir ce qui nous fait avancer et comment nous fonctionnons, mais tout cela dans un monde peuplé d'autres que nous.

Et ce n'est pas si simple à appréhender pour une raison qui a nom « pression sociale ».

Pression sociale, qui nous dicte la voie du plus grand nombre et nous incite insidieusement à la suivre, au mépris de nos propres valeurs. De même qu'un commercial, à force de vanter le produit qu'il cherche à vendre, finit par le considérer réellement comme le meilleur qui soit, la pression sociale, à force de répétitions, nous fait considérer sa loi comme la seule possible.

S'il est nécessaire, pour notre bien-être mental à tous, de nous insérer dans la société, il est non moins nécessaire, voire indispensable, que nous le fassions à notre manière, avec nos différences, nos goûts et nos vies.

CHAPITRE VIII

Je sais ce que je vaux : mes réussites

Vous n'êtes pas arrivé là où vous êtes sans avoir rien accompli dans votre vie.

Bien sûr, si aujourd'hui vous vous penchez sur vous-même, c'est bien que vous n'en êtes ni si sûr ni si satisfait.

Par contre, ce qui est tout à votre honneur, c'est de vouloir progresser.

Ce qui risque de l'être moins, c'est de ne voir que les mauvais côtés de la vie, ceux-là mêmes qui vous poussent à vouloir changer.

Car, pour changer, il faut certes un cap et des objectifs, mais il faut surtout les moyens de tenir l'un et d'atteindre les autres. Ces moyens, ce sont vos compétences.

Des compétences que vous avez su mettre en œuvre tout au long de votre vie passée, et que vous continuerez d'utiliser toute votre vie durant.

Mes bons points

Étant donné que vous ne passez pas votre vie cloîtré chez vous, il est obligatoirement des choses que vous faites, et que vous faites bien. Nous n'en avons pas spontanément conscience, car nous ne nous penchons pas souvent sur nos réussites. D'une part, nous n'y pensons pas. Et, d'autre part, cela ne se fait pas. Cela risquerait d'être pris pour de l'étalage, un côté imbu de soi-même, de l'égoïsme, voire du narcissisme.

Or il s'agit seulement d'avoir conscience de sa propre valeur, en étant juste et objectif – en un mot : réaliste.

Pensez spontanément à une circonstance dans laquelle vous vous sentez bien, une activité, un domaine, des gens, ce que vous voulez.

Par définition, si vous vous y sentez bien, c'est le signe que vous y êtes adapté et que vous montrez les qualités implicites pour mener à bien cette activité.

À l'inverse, si vous ne présentiez pas les qualités requises, vous vous remettriez en question, et ne vous sentiriez pas si bien.

Imaginons que vous fassiez de l'équitation. Cela vous fait plaisir et vous y êtes à l'aise. Par conséquent, vous montrez les compétences nécessaires à un bon cavalier, que vous soyez émérite ou non.

C'est aussi simple que cela.

Penchez-vous chaque jour sur ce qui a été agréable dans votre journée, sur ce qui vous a satisfait, sur les qualités que vous avez mises en œuvre.

Lorsque l'on manque d'habitude, ce petit exercice semble compliqué. Il est pourtant fondamental pour vous permettre d'être bien avec vous-même. Progressivement, il deviendra partie intégrante de votre journée, et vous n'y penserez même plus.

Peut-être ne tirez-vous pas entièrement ou totalement parti de vos atouts, mais, dans l'ensemble, votre vie correspond à ce qui fait votre personnalité. Même si vous rêvez parfois d'être quelqu'un d'autre.

Aussi, au lieu de voir ce que vous n'êtes pas encore, penchez-vous sur le chemin que vous avez déjà parcouru.

Le chemin que j'ai parcouru

Je ne sais pas quel âge vous avez, mais lancez-vous dans l'exploration de votre vie, depuis votre naissance.

Prenez un cahier (une feuille ne suffit pas, car vous aurez beaucoup à écrire).

Égrenez vos souvenirs par tranches.

Ma petite enfance : avant trois ans. Là, il est probable que vous n'ayez pas grand-chose à dire. Certains ne s'en souviennent pas du tout, d'autres un petit peu, il n'y a pas de règle.

Jusqu'à dix ans : la maternelle et l'école primaire.

Entre dix et quinze ans : le collège.

De quinze à vingt ans : le lycée, mes études supérieures, mon entrée dans la vie active, mon premier boulot.

Continuez ainsi, par tranches de dix ans cette fois.

Essayez de ne rien oublier : pensez à vos études (vos matières de prédilection, vos profs préférés, les devoirs que vous avez réussis, les spectacles de fin d'année), à vos amis (qui ils étaient, ce que vous aimiez faire avec eux, les fêtes que vous organisiez), à votre famille (vos parents, vos grands-parents, vos enfants, comment vous étiez avec eux, ce que vous faisiez pour eux), aux vacances (aux activités nouvelles que cela engendrait, aux nouvelles personnes que vous rencontriez), à vos activités (que vous avez réellement faites, ou que vous avez eu l'intention de faire), à vos différents postes (ce que vous y faisiez concrètement, ce que vous y avez mené à bien, ce qu'étaient vos responsabilités), ou encore à votre maison (comment vous l'avez aménagée, ce que vous y faites : cuisiner, jardiner, etc.), à vos loisirs (bricoler, bichonner la voiture, organiser une randonnée, etc.). La liste est ouverte.

Rien qu'en ces quelques lignes, le nombre de vos réalisations est déjà vertigineux.

Et cela fait un bien fou de savoir de cette manière-là d'où l'on vient.

Pour continuer sur cette lancée, il vous faut rester sur le bon chemin, le définir et le garder devant vous comme un phare qui vous guiderait dans les méandres de votre avenir.

* *
*

Il faut « mouiller sa chemise » pour réussir

Beaucoup de nos réussites passent à la trappe, ou sont minimisées lorsqu'elles n'ont pas engendré de grandes souffrances. Ou en tout cas de gros efforts.

« Je suis un sacré imposteur, me dit cette dame, conservatrice dans un grand musée national. Je n'ose le dire qu'à vous, mais la rédaction du catalogue de la dernière exposition ne m'a demandé qu'une heure par jour. Par nuit, devrais-je dire. À ma décharge, mon mari était alors hospitalisé, et je passais tout mon temps à son chevet. Mais quand même ! Vous vous rendez compte ? Une heure par jour de travail !

– Oui, et alors ?

– Et alors ? On ne peut pas travailler ainsi. Ça ne va pas.

– Pourquoi ? Le résultat était mauvais ?

– Ah, c'est ça qui est surprenant, on m'a même fait des compliments sur la qualité de mon travail ! »

Nous voici au cœur du problème : il n'est pas obligatoire, ni nécessaire, de « mouiller sa chemise » ou de « faire le penseur de Rodin » pour produire un travail de qualité.

De nombreuses études ont montré que, pour de multiples personnes, le cerveau est plus actif lorsque l'on rêve éveillé. Lorsque nous laissons vagabonder nos pensées, nous sommes intellectuellement très actifs et réfléchissons à des problèmes complexes. Cela a été corroboré par la neuro-imagerie cérébrale : quand vous bâillez aux corneilles, se mettent en branle les zones de votre cerveau correspondant aux fonctions supérieures (raisonnement, mémoire et langage).

Le langage étant la dernière étape du processus de « conscientisation » des informations, c'est alors l'effet Eurêka : vous avez réfléchi « à votre insu », et d'un coup la conscience de la solution vous est parvenue.

C'est un peu déstabilisant, mais une fois que vous en aurez pris conscience, vous arriverez facilement à en tirer parti[1].

---

1. Pour en savoir plus, voir mon *Petit Guide à l'usage des gens intelligents qui ne se trouvent pas très doués*, Paris, Payot, 2007.

CHAPITRE IX

Je sais où je vais : mes aspirations

Je demande presque systématiquement aux personnes qui viennent me voir d'imaginer qu'elles se réveillent le lendemain et qu'elles se rendent compte que durant leur sommeil une petite fée est passée qui a exaucé tous leurs souhaits. Non pas un seul ou quelques-uns, mais bien tous. Ce qui veut dire que leur vie est devenue leur vie idéale.

La question est alors : « Comment vous rendez-vous compte que la petite fée est passée ? Qu'est-ce qui a changé dans votre vie, concrètement ? Qu'est-ce qu'elle a enlevé ? Qu'est-ce qu'elle a ajouté ? Qu'avez-vous gardé ? »

Je peux vous garantir que ce n'est pas un exercice simple.

Y arriver implique de réfléchir concrètement.

Je retire ce qui me déplaît

En général, nous savons relativement bien ce que nous n'aimons pas dans notre vie, qu'il s'agisse de comportements que nous avons et qui ne sont pas satisfaisants, ou d'un environnement matériel (déménager, changer de travail).

Parfois, lorsque nous ne le savons pas vraiment, il est intéressant de tenir le journal des états d'âme. Cela vous permet de prendre conscience de toutes les situations qui ne vont pas.

Une fois identifiées, vous les soumettez à la question en vous demandant si vos comportements étaient appropriés ou non, et vous les triez, ne gardant que les situations désagréables pour lesquelles il est possible de trouver des solutions.

Un monsieur vient me voir pour cesser de se mettre en colère. Je lui fais tout d'abord trouver quelques exemples de situations : « La dernière fois, c'était avec mon amie. Nous allions dîner et, pour moi, il ne s'agit pas juste de manger. J'aime bien avoir une jolie table, alors je dispose un joli couvert, je mets des fleurs, et je place mon amie face à moi. Avant même de s'asseoir, voilà qu'elle me dit qu'elle préfère se mettre à côté de moi pour pouvoir regarder la télévision. Vous imaginez, elle me dit qu'elle me préfère la télé ! Je suis parti dans une colère noire ! Et ça n'est retombé que le lendemain, et encore, il a fallu que je fasse des efforts. »

Sur cet exemple, effectivement le comportement de ce patient n'est pas approprié et on peut trouver des solutions. Il se met en colère, car il interprète la remarque de son amie comme une atteinte à son amour-propre et le reflet d'un amour qui diminue. Alors que c'est juste une question de commodité pour voir la télévision. La solution ? Déjà changer son environnement, et ne pas allumer la télévision pendant le dîner s'il veut en faire un moment convivial. Ensuite, prendre pour argent comptant la phrase de son amie qui ne lui a jamais dit qu'elle l'aimait moins.

Sa colère précédente était celle-ci : « Un jour que je n'étais pas là, mon associé vient trouver mon assistante pour lui dire que finalement le dîner de Noël n'aura pas lieu au restaurant que j'ai choisi, mais que tout cela se fera dans la cafétéria de l'entreprise. Or nous en avions déjà discuté, et je n'étais pas d'accord avec lui. Je me suis mis en rogne et je lui ai dit ses quatre vérités : je n'aime pas qu'il me court-circuite, en plus sur un domaine qui n'est pas de son ressort. »

Je n'ai rien à redire à cette situation : il se met en colère à bon escient. Ayant déjà dit les choses calmement une fois ou deux, la colère est le dernier recours qui permet d'obtenir ce qu'il veut. C'est une colère appropriée, désagréable certes, mais légitime et efficace.

Ce genre de situation n'entre donc pas dans la catégorie de ce qu'il serait souhaitable de faire disparaître.

Une fois le tri fait dans ce que vous souhaitez retirer de votre vie, demandez-vous ce qui vous manque.

Je rajoute ce qui manque

Souvent, nos attentes en la matière ne sont pas très réalistes et nous projetons sur notre vie actuelle des désirs que nous avions étant enfant ou jeune adulte.

La clef encore une fois est de se projeter en avant en se demandant si cela est possible ou non.

Telle cette jeune femme de vingt-cinq ans qui me dit vouloir faire carrière dans la danse. D'un point de vue très concret et aussi talentueuse soit-elle, cela n'est pas possible en tant que danseuse professionnelle. Par contre, ayant de nombreux contacts dans le milieu du spectacle, elle réévalue son projet en se disant qu'elle travaillera en amont à la création de spectacles.

Elle est ainsi constructive et pourra avancer dans cette idée.

De même, le projet de ce jeune homme du même âge qui me dit vouloir devenir pianiste classique virtuose n'est pas plus réaliste. En revanche, il refuse l'évidence et veut absolument s'en tenir à son idée, tout en n'ayant aucun contact dans le métier et en ne voulant pas adapter son projet : jouer par exemple du jazz, genre musical où il est vraiment bon, ou coacher des jeunes pianistes, ce qu'il sait très bien faire également.

La question ici est bien celle de la pertinence, mais aussi celle de garder ce qui nous convient sans chercher à aller plus loin lorsque ce n'est ni possible ni réaliste.

Je garde ce qui me convient

S'il est relativement aisé de savoir quoi supprimer et quoi ajouter, garder ce qui convient est souvent plus difficile, car nous voyons moins nos acquis comme des aboutissements.

Penchez-vous sur la journée qui vient de s'écouler et demandez-vous à quels moments vous avez été serein, content, joyeux... bien avec vous.

Reprenez maintenant les moments qui ne vous ont pas convenu et supprimez le contexte dans lequel ils sont apparus : l'associé de cet homme qui se met en colère, mais également l'entreprise qu'il a créée avec lui ; votre époux avec qui vous vous êtes disputée, et les enfants que vous avez eus avec lui...

Demandez-vous alors si, en supprimant la cause de votre désagrément, vous rendez votre vie meilleure. Si votre vie professionnelle sans la réussite qu'est la création de cette entreprise est toujours satisfaisante. Si votre vie personnelle sans l'accomplissement que représente votre famille est toujours agréable.

Vous mettrez ainsi en lumière les points qui vous sont chers.

Une fois cela fait, il importe de se poser la question du moteur qui vous permettra d'avancer. Ce moteur est la motivation, variable pour chacun et selon chaque situation.

* *
*

Une fée passe

Imaginez que vous vous réveilliez demain matin et que votre vie soit devenue votre vie idéale. Vous vous rendez compte *a posteriori* qu'une petite fée est passée au-dessus de votre lit pendant que vous dormiez et qu'elle a transformé votre vie en celle dont vous rêviez.

Observez les changements qui se sont opérés.

Où vous trouvez-vous ? Au même endroit ou ailleurs ? Exercez-vous toujours le même métier ? Etc.

Dans un premier temps, focalisez sur les modifications concrètes qui sont survenues. Vous ne pouvez pas simplement dire que « tout va bien ». La question est de savoir ce que cela sous-tend pour vous, et ce que cela implique comme transformations dans votre vie.

Dans un deuxième temps, vous pouvez vous pencher sur vos comportements et vos attitudes qui se sont modifiés : colères intempestives, intolérance aux idées des autres...

Au final, vous pouvez faire une liste de tous ces objectifs que vous venez ainsi d'identifier, sans vous préoccuper pour l'instant de leur possible réalisation.

CHAPITRE X

Je connais mes moteurs : ce qui me motive

La motivation est ce petit quelque chose qui fait que vous arrivez à mener à bien une tâche que vous avez à faire.

C'est elle qui fait la différence entre ce que vous finissez et ce que vous ne commencez pas ou difficilement, et n'arrivez pas à achever.

Mes moteurs

Les facteurs de motivation peuvent être très nombreux. Ils varient bien sûr d'une personne à l'autre, mais également d'une situation à l'autre.

Ce peuvent être l'argent, le pouvoir, la prise de responsabilité, l'accomplissement intellectuel, une meilleure connaissance d'un secteur, la reconnaissance sociale, la qualité de la vie, la possibilité d'apprendre quelque chose, la réalisation de projets motivants, mener une vie de famille épanouie... Autant de moteurs qui s'apparentent à vos valeurs propres et qui sont plutôt d'ordre général.

Mais vous pouvez également avoir des motivations plus ponctuelles : la peur de la contravention sur la route, ou celle du redressement fiscal, le besoin d'être recadré dans votre travail, celui d'avoir des objectifs clairs et bien définis, l'envie de ne pas prendre de responsabilités, le désir de bien faire votre travail, l'envie de faire plaisir...

On peut en outre distinguer des motivations internes et des motivations externes.

Les premières sont plus orientées par rapport aux moyens dont vous disposez pour atteindre votre but.

Les secondes visent le désir d'atteindre un objectif, sans se préoccuper des moyens nécessaires.

Un juste équilibre est nécessaire entre les deux. Si vous n'êtes dirigé que par des motivations externes, sur la fin visée, vous risquez de vous démotiver du fait que vous ne savez pas comment procéder.

Au contraire, si vous n'êtes focalisé que sur les moyens, vous risquez de vous perdre dans des méandres d'activités sans perspectives de développement.

Une fois que vous avez identifié vos moteurs, vous pouvez changer l'objectif d'une situation délicate afin de la rendre plus motivante, et donc réalisable.

Mes objectifs

Il arrive fréquemment que je reçoive des étudiants en mal de rédaction de leur mémoire, quel que soit leur niveau d'ailleurs, master 1, master 2 ou même doctorat.

Chaque fois, leur discours est le même : « Je n'y arrive pas. Je dois avoir un blocage. Il y a des mois – ou des années pour le doctorat – que je devrais avoir fini, et pourtant je reste au point mort. »

En creusant un peu, on arrive au fait que rédiger un mémoire sur un sujet que vous connaissez sur le bout des doigts n'est ni amusant ni donc motivant, puisque tout ce que vous avez à écrire est déjà dans votre tête et qu'en un sens, c'est du temps perdu que de rédiger quelque chose que vous savez déjà.

La seconde conclusion est souvent que vous ne commencez pas votre rédaction, car en cours de route votre sujet s'est étoffé, a évolué, et qu'en somme vous l'avez modifié : vous ne pouvez donc plus écrire sur votre sujet puisque vous en avez défini un autre dans l'intervalle.

Les motivations sous-jacentes sont le besoin d'apprentissage, avec à la clef la possibilité de créer de nouvelles choses, de nouveaux concepts, de nouvelles pensées.

Une fois cela posé, on comprend la difficulté de rédiger quelque chose de déjà élaboré, donc pas nouveau, et d'inabouti.

La suite est relativement simple : changer l'objectif.

L'objectif n'est pas alors de rendre un mémoire, mais d'en faire le sujet d'une publication postétudes ; le but n'est pas de créer une pensée neuve, mais de vous plier à la demande du système universitaire en répondant à la question posée ; il ne s'agit pas d'écrire pendant trois mois, mais de rédiger le plus vite possible.

Changez votre objectif en fonction des motivations que vous avez définies précédemment. Vous serez alors beaucoup plus à même de l'atteindre.

* *
*

Mes motivations

Penchez-vous sur votre passé, et regardez les circonstances dans lesquelles vous réussissez. Choisissez quelques situations typiques ou récurrentes.

Demandez-vous alors ce qui vous a poussé à aller jusqu'au bout.

Identifiez vos moteurs et classez-les en moteurs internes et moteurs externes.

Voyez alors l'équilibre que vous aviez entre les deux.

À l'inverse, regardez vos moteurs dans les projets que vous n'avez pas réussi à faire aboutir ou sur lesquels vous « coincez ». Vous verrez que l'équilibre n'y est pas ou que vous n'aviez pas jusqu'à présent mis en lumière les motivations que vous pouviez y trouver.

Utilisez cela comme une sorte de grille de lecture pour le futur : connaissant vos motivations, vous n'aurez plus qu'à les mettre en œuvre dans vos prochains projets.

CHAPITRE XI

Je sais comment je fonctionne : ma manière de raisonner

Nous avons de nombreux points communs avec nos congénères, mais cela est beaucoup plus vrai en matière de physiologie qu'en matière de fonctionnement mental.

En effet, si notre cerveau est organisé de la même manière et utilise les mêmes mécanismes, l'utilisation que nous en faisons est personnalisée selon les différentes zones que nous utilisons préférentiellement[1].

Certains ont ainsi défini huit types de fonctionnement mental, allant du linguistique au visuel en passant par le mathématique ou l'émotionnel.

Pour ma part, je trouve que la distinction entre rationnel et intuitif est largement suffisante pour vous permettre de vous retrouver

1. Ces distinctions sont simplistes, car notre cerveau est un tout utilisant en permanence chacune de ses parties. Cependant, cela reste une classification utile.

dans l'une ou l'autre, et surtout vous aider à avancer en mettant à profit votre personnalité.

Imaginons que vous écoutiez une phrase. Si vous êtes plutôt rationnel, vous allez privilégier le contenu langagier, y prêter plus attention, et faire passer au second plan les expressions faciales, le contour intonatif et les émotions de votre interlocuteur. Si vous êtes plutôt intuitif, alors vous allez faire plus attention au contenu émotif et aux expressions.

Le fonctionnement rationnel

Si vous êtes plutôt rationnel, votre raisonnement est séquentiel, analytique et logique : vous prenez en compte un élément après l'autre. Vous avez une approche structurée et rationnelle des choses.

Prendre une décision implique d'avoir pesé le pour et le contre et mesuré les avantages et les inconvénients.

Vous n'agissez pas sans avoir réfléchi auparavant, votre réflexion est consciente, et vous la construisez étape après étape.

Vous savez canaliser vos émotions et être ainsi guidé par l'objectif.

Vous faites une chose à la fois, et l'une après l'autre. Si vous en commencez plusieurs en même temps, vous vous dispersez, n'arrivez pas à vous concentrer et perdez votre efficacité.

Vous êtes précis et avez besoin d'une information explicite, ce qui vous permet d'avoir une compréhension claire et juste d'une situation, sans place pour l'interprétation.

La quête de résultat est une de vos grandes qualités, qui vous permet « coûte que coûte » d'atteindre vos buts. Il en résulte une grande fiabilité que vos interlocuteurs apprécient.

Vous avez des opinions tranchées et savez expliquer ce que vous ressentez.

Vous êtes le plus efficace dans des tâches qui mobilisent vos habitudes de travail, ce qui favorise votre côté opérationnel et concret.

Le raisonnement intuitif

À l'inverse, si vous êtes plutôt intuitif, alors votre raisonnement est simultané : vous prenez en compte les éléments de manière globale et non pas de manière séquentielle. D'où une manière particulière de raisonner : il suffit de laisser « mûrir » un projet et la solution vient d'elle-même.

Vous comprenez vite et trouvez la solution sans avoir l'impression de réfléchir.

Vous êtes hypersensible, et très influencé par le contexte émotionnel dégagé par vos interlocuteurs : tel prof au lycée vous bloquait et vous étiez nul dans son cours, alors que tel autre vous dynamisait, et vous n'aviez plus de problème.

Vous avez besoin de mener de front plusieurs projets ou activités, sinon vous vous étiolez. C'est là que vous êtes le plus efficace.

Vous montrez une capacité d'attention, de travail et de persévérance importante lorsque le sujet vous intéresse ou vous motive. Sinon, vous n'agissez pas ou repoussez.

Vous avez souvent des idées que vous ne pouvez pas réaliser (parfois en avance sur votre temps). Il en résulte de la frustration devant l'incompréhension des autres : il arrive que vous émettiez une idée que les autres « reprennent » quelques mois plus tard.

Vous avez tellement de projets que vous ne savez pas lesquels réaliser, alors vous pouvez vous sentir frustré de n'en mener aucun à terme.

En réalité, nous ne sommes pas entièrement d'un côté ou de l'autre, et nous pouvons tous apprendre à utiliser les deux manières de raisonner, selon les circonstances et selon nos besoins.

Cherchez dans quelle description vous vous reconnaissez le plus, et dans quel genre de tâche.

Vous pourrez ainsi mettre à profit votre spécificité sans la mettre en compétition avec la deuxième, tout aussi efficace mais qui ne vous correspond pas à ce moment précis.

De même que la manière de raisonner, la manière d'apprendre est propre à chacun d'entre nous. Être plus à votre écoute dans ce domaine vous permettra d'être plus efficace dans votre vie.

* *
*

Tirer parti de votre différence

Si vous êtes rationnel, vous faites partie de la majorité de la population. En toute logique, vous considérez que chacun fonctionne comme vous. Et vous pouvez regarder les intuitifs comme montrant des attitudes à tout le moins bizarres, voire incompréhensibles. Particulièrement lorsqu'ils vous exposent leurs idées qu'ils ne peuvent ni expliquer, ni justifier, ni argumenter.

Ou lorsqu'ils donnent l'impression de ne pas travailler, parce qu'ils regardent par la fenêtre, ou que vous les jugez prétentieux lorsqu'ils vous expliquent tout ce qu'ils font.

Ou encore lorsque vous trouvez qu'ils se dispersent car faisant mille et une choses, ou sautant du coq à l'âne.

Apprenez à les voir comme différents, et focalisez-vous non pas sur leur manière d'être, mais sur les résultats qu'ils obtiennent : vous verrez que vous arrivez aux mêmes conclusions qu'eux, mais avec un raisonnement différent.

Si vous êtes intuitif, vous faites partie de la minorité de la population et cette différence peut vous avoir posé des problèmes jusqu'à présent. Le fait d'être différent et de n'avoir jamais pu mettre des mots dessus, vous a peut-être conduit à vous sentir anormal et à manquer de confiance en vous. Par comparaison aux autres, et selon les circonstances, vous vous trouvez bête ou intelligent.

On peut vous trouver naïf dans le mauvais sens du terme parce que vous faites confiance aux gens, pas réfléchi parce que vous agissez et réfléchissez après coup.

Parfois vous pensez que vous pouvez tout réussir, et pourtant vous ne faites rien.

Vous avez beaucoup de mal à faire les choses simples que les autres font sans même y penser. Focalisé sur l'objectif, vous oubliez le détail qui deviendra important le moment venu.

Apprenez donc à suivre cette petite voix qui ne vous trompe que rarement.

Dites-vous que deux systèmes de fonctionnement cohabitent et que l'un n'est pas meilleur que l'autre, mais que les deux sont performants, ensemble

À condition de reconnaître l'existence des autres, l'association entre les rationnels et les intuitifs est particulièrement efficace : l'un a des idées avec une vision globale, mais n'en voit pas les détails, et s'ennuie à la mettre en pratique. L'autre a une vision précise des réalités, mais pas de vision immédiate d'ensemble et est particulièrement efficace dans la réalisation. La concrétisation des projets devient alors aisée et rapide.

CHAPITRE XII

Ce qui me rend plus efficace

De même que pour la motivation, ce qui nous rend efficace varie pour chacun d'entre nous. Certains verront leur efficacité croître lorsqu'ils sont sous pression ; pour d'autres, ce sera le contraire.

À nous de connaître le contexte qui nous correspond le mieux et de nous arranger pour le trouver, quitte, le cas échéant, à modifier notre environnement.

Mon environnement favorable

Pensez à vos vacances. Comment vous préférez rester allongé(e) sur une chaise longue alors que votre conjoint veut faire visite sur visite.

C'est l'environnement dans lequel chacun d'entre vous trouve son équilibre et peut se ressourcer efficacement.

De même avons-nous tous un environnement favorable dans lequel nos savoir-faire s'expriment plus facilement et plus efficacement.

Tel ce moniteur d'équitation me disant qu'il a besoin de se faire « remonter les bretelles » régulièrement pour faire ce qu'on attend de lui.

Certaines personnes travaillent ainsi mieux dans un environnement contraint, c'est-à-dire avec des échéances fixes plutôt qu'à dates libres.

Par exemple cette femme qui, devant préparer une intervention devant ses collègues, ne s'y met que la veille et la termine dans la nuit. Je comprends bien que ce ne soit pas satisfaisant à cause du stress engendré par la crainte de ne pas réussir. Mais, une fois identifié le mécanisme sous-jacent (l'échéance enclenche en quelque sorte le bouton de la motivation et lui permet de travailler efficacement), il lui devient possible de ne plus paniquer.

De même, certaines personnes sont particulièrement efficaces en s'isolant afin de traiter d'un coup un dossier qu'elles ont à terminer, alors que, pour d'autres, le même résultat sera atteint en effectuant une autre activité. Pendant ce temps, elles pensent à leur dossier sans y penser, et le travail se fait en somme tout seul.

Au final, il n'y a pas une bonne manière, mais des manières, et surtout celle qui vous correspond et vous convient, à un moment donné, et pour une situation donnée.

À vous d'identifier votre environnement favorable, et de mettre cette connaissance à profit pour le provoquer lorsque cela est possible. Vous mettrez ainsi toutes les chances de votre côté.

De même notre personnalité s'exprime-t-elle dans la manière dont nous apprenons.

Comment j'apprends

Nous apprenons quotidiennement. Et nous tirons parti des événements que nous vivons.

De l'apprentissage résultent des comportements, des manières d'être ou des modes de pensée qui sont, au début, très conscients, très laborieux et nécessitant une grande concentration. Ils deviennent progressivement inconscients et automatiques.

Pour en arriver à cette étape de compétence inconsciente, nous utilisons des stratégies et des modes d'apprentissage différents.

L'un mettra à profit l'avis de ses maîtres, quand l'autre préférera son expérience personnelle.

L'un préférera apprendre dans les livres, alors que son voisin utilisera l'expérience de ses collègues.

L'un aura besoin d'un entraînement répétitif quand la compréhension sera indispensable à son ami.

L'un préférera regarder les autres, quand son coéquipier aura besoin d'expérimenter.

Si l'apprentissage correspond chez tous à la création d'une trace mnésique dans le cerveau, les manières de la créer et de la consolider varient chez chacun. Une phase indispensable à tous est cependant celle de la concentration, qui permet aux informations de passer du monde extérieur à notre cerveau.

Comment je me concentre

De nombreuses personnes, enfants, adolescents et adultes viennent me voir et me disent qu'elles ont un problème de concentration.

La concentration est cette capacité que nous avons à mobiliser notre attention sur un sujet donné pour en prendre connaissance ou en venir à bout s'il s'agit d'une tâche à exécuter.

Partant, la concentration implique que, lorsque nous cessons de nous concentrer, nous avons atteint un but : acquérir des informations, apprendre un cours, traiter un dossier...

Ainsi, la première question à se poser est : « Ai-je atteint mon objectif ? » Si la réponse est « oui », ce qui est souvent le cas, regardez comment vous avez focalisé votre attention pendant le temps en question.

C'est là que les personnes que je reçois me disent : « Vous voyez bien que je ne sais pas me concentrer ! Je disperse mon attention, je lève le nez de mon bureau, je regarde par la fenêtre, je vais faire un tour dans le bureau voisin, je fais un jeu sur mon ordinateur, je lis une bande dessinée... autant de choses, vous en conviendrez, qui parasitent ma concentration. »

Vu comme cela, c'est évident. Mais, à l'aune du résultat auquel ces personnes parviennent presque à chaque fois – non, et encore non !

Car il y a mille et une façons de se concentrer.

La concentration est le processus par lequel vous demandez à votre cerveau d'effectuer une tâche donnée en focalisant dessus.

Que vous portiez votre attention exclusivement sur ce que vous avez à faire, ou que vous ayez besoin de lever le nez régulièrement, quelle importance, puisque pendant ce temps votre cerveau fait ce que vous lui avez demandé[1] ?

Il s'agit donc bien que vous vous observiez afin de prendre conscience des processus grâce auxquels vous arrivez le mieux à faire ce que vous souhaitez.

Regardez derrière vous lorsque vous avez été particulièrement efficace et voyez comment vous avez procédé.

---

1. En pratique, pour les personnes que cela concerne, lorsque vous levez le nez de votre bureau, vous permettez à votre cerveau soit d'assimiler l'information que vous êtes en train d'apprendre, soit de réfléchir à celle que vous êtes en train de traiter.

Et surtout ne culpabilisez plus si vous fonctionnez en bâillant régulièrement aux corneilles, tant que vous faites ce que vous avez à faire.

Cela vous aidera, soit dans votre famille, soit dans le milieu professionnel, pour accepter les différences que chacun d'entre nous présente.

Cela vous permettra ainsi d'ajuster votre discours et d'éviter d'avoir une communication trop directive parce que les personnes que vous côtoyez ne travaillent pas de la même façon que vous.

* *
*

Mon journal d'apprentissage

Que pouvez-vous apprendre en apprenant ?

Tenez un journal de vos apprentissages, au sens large, aussi bien d'informations nouvelles que d'expériences qui peuvent vous servir ultérieurement.

Notez pour chaque situation qui vous semble importante le contexte dans lequel vous préférez apprendre : chez vous, à votre travail, pendant vos trajets, seul, en société...

Identifiez votre environnement idéal : silencieux ou bruyant, avec ou sans musique, devant votre bureau et votre ordinateur, dans votre jardin, en promenade...

De quelle manière votre apprentissage est-il le plus efficace ? En lisant, en expérimentant, en pratiquant, en comprenant, en écoutant, en confrontant des points de vue...

Enfin, pensez à vos moments propices : le matin ou le soir, lorsque vous avez peu de choses à faire ou au contraire lorsque vous avez plusieurs projets à mener de front, avec stress ou sans pression, avec ou sans dates butoirs...

Et si vous n'avez pas été complètement satisfait de vous, demandez-vous ce que vous auriez souhaité amélioré et faire différemment. Ainsi vous vous préparez à pouvoir le faire les fois suivantes.

CHAPITRE XIII

Mes réactions

Rien de plus compliqué que les relations aux autres.

D'abord, parce que nous en avons quelque peu perdu le mode d'emploi ces derniers temps, l'apparition des nouveaux médias (Internet, téléphones portables) ayant tout bousculé.

Ensuite, parce que la communication fait, par définition, intervenir des « autres » que nous ne connaissons pas forcément, mais dont nous devons tenir compte (et réciproquement).

Cela implique que nous nous adaptions les uns aux autres, ce que nous faisons la plupart du temps.

Parfois nous écouterons notre interlocuteur, parfois nous serons plus affirmatifs, voire directifs, parfois même nous imposerons notre point de vue.

Notre mode de communication varie ainsi d'une personne à l'autre et d'une situation à l'autre.

Mon mode de communication

Il est une distinction assez pratique, qui consiste à voir si vous êtes plutôt attentif à votre propre jugement (vos opinions et idées) ou à celui des autres.

Dans le premier cas, vous adoptez un mode de communication interne : vous vous fiez à vous-même et vous défiez plutôt de ce que peuvent penser les autres. Cela peut vous conduire à ne pas écouter vos interlocuteurs plus que cela, voire à ignorer ce qu'ils peuvent vous dire.

Arrivant à un dîner chez des amis, une jeune femme raconte qu'elle vient de se faire flasher par un radar sur l'autoroute. Son hôte aussitôt lui dit : « Comment est-ce possible ? Tu n'as pas vu le panneau de signalisation ? » Elle répond qu'à cet endroit il n'y a pas de signalisation. Et lui : « Si, bien sûr, c'est obligatoire, c'est la loi. » La jeune femme s'énerve : « Écoute, je connais bien l'endroit, j'y passe tous les jours, et je sais bien qu'il n'y a pas de panneau. »

Je ne vous raconte pas cette anecdote pour savoir qui a raison et qui a tort. En l'occurrence, chacun a raison de son point de vue, car ils ne parlent pas de la même chose (l'une raconte un fait, l'autre parle de la législation). Ce qui me semble intéressant ici, c'est que ce monsieur montre qu'il utilise une communication fondée plus sur lui-même et moins sur les autres.

Si la jeune femme avait eu un mode de communication plus externe, elle aurait, toutes proportions gardées, mis son interlocuteur « sur un piédestal », n'accordant plus aucun crédit à ce qu'elle venait de vivre. Elle se serait alors dit qu'elle n'avait effectivement pas vu le panneau et qu'elle y ferait attention la prochaine fois.

Avec cette distinction, vous pouvez prendre conscience de la manière dont vous réagissez, certes pas en permanence, mais dans différents contextes, dans différentes situations, et surtout avec différents interlocuteurs.

Observez-vous et observez les autres afin de savoir comment ils communiquent. Cela vous permettra ensuite d'adapter votre propre discours.

Si je reprends mon exemple, cette jeune femme, sachant que son ami est plutôt du genre « mode interne », n'irait pas se lancer dans un échange stérile qui ne peut finir qu'avec le ton qui monte. Au contraire, elle clorait le sujet en disant quelque chose du genre : « Oui, tu as certainement raison, je n'y ai jamais fait attention, mais si tu le dis, c'est bien qu'il doit y avoir un panneau quelque part », sans que cela modifie en quoi que ce soit son idée première, ni ne remette en question son savoir.

Ce faisant, elle tient compte d'elle et de lui.

Quelques phrases clefs peuvent vous aider.

Face à quelqu'un de plutôt externe, utilisez des phrases du genre : « Le consensus général est... » ; « Des milliers de personnes utilisent déjà xxx » ; « Nos amis Untel ont acheté le dernier gadget » ; « Les recherches montrent que »...

Vous vous appuyez ainsi sur ce qui est important pour eux (l'opinion des autres).

Face à quelqu'un de plutôt interne, il vaut mieux dire : « Au final, toi seul peux savoir » ; « Juge par toi-même » ; « Pèse le pour et le contre » ; « La décision t'appartient. »

Vous vous adaptez ainsi aux personnes que vous rencontrez, ce qui vous permet de mener une conversation de manière beaucoup plus agréable, voire d'amener vos interlocuteurs à adopter votre point de vue.

Les autres et moi : manipulation ou marque de respect ?

La manipulation tient aujourd'hui une place de choix dans les questions de relations humaines. Avec raison. Avec raison, mais il ne faudrait pas oublier la parcimonie.

Car si cela s'avère justifié par rapport à un supérieur hiérarchique qui fait effectivement de la manipulation, avec intentionnalité, ce n'est pas le cas lorsque vous avez une opinion, ou plutôt même une certitude, et que vous cherchez à la faire partager à vos interlocuteurs.

Dans le premier cas, je dirai qu'il y a intention de nuire.

Dans le second, vous tenez compte de l'autre, afin de ne pas le froisser, et afin que votre échange puisse être fructueux et agréable. C'est au contraire une marque de respect.

Olivier me demande mon avis. Son amie se plaint qu'il ait toujours raison, ce qui est vrai, dit-elle. Mais ce qui l'horripile au plus au point, c'est qu'il soit vexant. « Samedi dernier, nous allions au cinéma. La séance allait commencer, et nous n'avions que peu de temps devant nous. À un carrefour, elle me dit qu'il faut tourner à gauche, alors que le ciné est à droite. Je le lui dis. Probablement un peu tendu, car je voyais le temps passer. Là, poum ! elle se vexe ! Qu'est-ce que vous voulez que je fasse ? En plus, on en a déjà discuté, et elle sait que, lorsque je dis un truc, c'est que je suis sûr de moi. Sinon, je me tais. »

Ce genre de situation est évidemment très désagréable pour tout le monde, et nous en avons tous vécu de similaires.

Que faire ?

Avoir conscience, en vous appuyant sur votre expérience, sur votre histoire (que vous aurez mise en lumière grâce à votre carnet d'apprentissage et au carnet de vos états d'âme), qu'effectivement il est des situations dans lesquelles vous devez un peu ménager vos interlocuteurs.

Pour ensuite adapter votre propos.

Un exemple que j'aime utiliser est celui des mots croisés auxquels vous joueriez avec votre arrière-grand-mère. Il est évident que vous avez plus de chances de trouver les mots avant elle. Que faites-vous ? Vous essayez de l'aider. Car sinon, vous jouez tout seul. Alors vous lui soufflez des indices. Pour trouver « pagode », vous lui dites : « Oh, zut, je l'ai sur le bout de la langue, tu sais bien, les palais en chine », ou : « Oui, je sais, une paillote. » Et, là, bien sûr, elle trouve.

Et vous êtes contents tous les deux.

Manipulation ? Pas du tout. Mais preuve d'amour, de respect et conscience de l'autre.

Évidemment, cet exemple peut vous paraître simpliste et difficile à appliquer à votre vie.

Pour cela, demandez-vous d'abord ce que vous voulez vraiment : jouer avec votre grand-mère ou terminer les mots croisés ? Passer une bonne soirée, qui commence par un ciné, ou avoir raison face à votre amie ?

Lorsque vous ne tenez pas compte de la personnalité de l'autre, vous pouvez être certain que l'objectif que vous vous fixez est d'ordre interne, exclusivement par rapport à vous (finir le jeu, avoir raison).

Dès lors que vous adaptez votre objectif à l'ensemble des participants, votre communication s'adapte également. C'est presque automatique.

Car vous tenez compte de la personnalité de chacun, à la fois de vos valeurs et de celles des autres.

* *
*

Mes valeurs et celles des autres

Souvent les gens estiment avoir raison dans une situation donnée. Ce faisant, ils ne font rien d'autre qu'exprimer ce qui leur tient à cœur en la circonstance. En somme, ils manifestent une valeur qui est la leur, mais pas forcément celle de leur interlocuteur du moment.

Prenez par exemple quelqu'un faisant carrière dans le marketing, sensible au dernier cri technologique et s'habillant à la mode. Soyons un peu réducteur et disons que la valeur qu'il exprime ainsi est celle du consumérisme.

Prenez maintenant quelqu'un faisant carrière dans le soin aux personnes handicapées, plutôt conservateur et s'habillant avec comme seul critère son confort. De même, soyons réducteur et disons que la valeur qu'il exprime est celle du partage.

Si ces deux personnes se rencontrent, gageons qu'elles s'engageront dans un dialogue de sourds, chacune exprimant ses valeurs propres et cherchant à les plaquer, sans succès, sur l'autre. Sans voir que l'autre étant différent exprime ses valeurs et ne peut en manifester d'autres.

Je rencontre souvent des gens qui me disent ne pas comprendre comment on peut se comporter de telle ou telle manière. Ce faisant, ils font exactement la même chose : ils appliquent leurs principes aux autres et ne comprennent pas que les autres ne les utilisent pas.

En réalité, il n'y a rien à comprendre. Juste à accepter que les autres soient différents.

Faites-en l'expérience. Replongez-vous dans une situation où vous avez eu le sentiment d'avoir raison et que les autres avaient tort. Et cherchez maintenant quelle valeur vous caractérisait et caractérisait votre interlocuteur du moment. Vous vous rendrez compte que ni vous ni lui n'avez raison, mais que tous les deux avez raison en fonction de votre système propre de valeurs.

Aspirations, réactions, moteurs, efficacité... autant de traits personnels qui nous caractérisent, comme autant de valeurs auxquelles nous croyons, auxquelles nous nous référons et qui dictent notre conduite. Ce sont par elles également, lorsqu'elles ne sont pas atteintes, que se manifestent notre gêne et notre envie de changement, d'évolution.

Les valeurs sont bien plus que nos goûts. Elles constituent un ensemble composé de croyances, d'aspirations, d'options, d'idées, de sentiments, de principes dans lesquels nous nous reconnaissons et par lesquels nous nous exprimons.

Certaines sont liées à la famille, à notre éducation, à notre environnement, notre société. Certaines sont liées à notre vie privée (vie confortable, amitié, joie, liberté), d'autres à des aspirations sociales (égalité, choix politiques), d'autres encore à notre compétence (ambition, indépendance, imagination), d'autres enfin à un système moral (courage, honnêteté).

On peut bien sûr chercher à identifier chacune de nos valeurs, mais la liste est infinie et peut varier en fonction des circonstances et des moments de notre vie.

Par contre, savoir que ces valeurs existent et chercher à identifier celles qui ne sont pas satisfaites dans une situation donnée vous aidera à progresser : cela vous donne des éléments d'un problème dont vous devez tenir compte.

Sachant par exemple que la famille est une valeur fondamentale pour vous, mais pas pour votre conjoint, vous permet de vous poser les bonnes questions en ayant une vision juste de la problématique : comment faire pour continuer mon chemin, sachant que je l'aime et que cette valeur n'est pas satisfaite ? Peut-être le sera-t-elle un jour, mais peut-être pas. Puis-je trouver des compromis ?

Tel ce couple qui vient me voir : « Nous vivons ensemble depuis cinq ans. Nous nous aimons. Pas un seul nuage. Nous venons d'acheter notre appartement. Mais nous avons un différend. Je veux des enfants et lui ne veut pas en entendre parler. »

Avouons que la question est de taille, car, en la matière, je ne connais aucun compromis, et l'envie d'enfant ne se discute pas, pas plus que la non-envie.

En l'occurrence, la situation était relativement simple puisque non solvable : il n'y avait pas d'alternative, chacun ayant une opinion qu'il ne pouvait pas modifier, et aucun d'entre eux ne voulant se séparer.

Il fut alors décidé de laisser un peu de temps et de voir ce qui se passerait.

Quelques mois plus tard, je revois la jeune femme qui me dit être enceinte, que son mari acceptait l'idée, mais que c'était trop tôt. Elle prit donc la décision d'une interruption de grossesse, mais sachant que plus tard elle deviendrait maman avec le plein accord de son mari.

Les valeurs sont les caractéristiques qui sont les vôtres, qu'il s'agisse de la manière dont vous raisonnez, de vos opinions politiques ou de vos goûts par lesquels elles s'expriment. Elles se manifestent dans vos choix de vie ou de carrière, dans la manière dont vous choisissez de passer vos vacances, dans vos tenues vestimentaires ou dans votre voiture, bref, dans tout ce qui vous constitue.

En ce sens, elles sont à la base des différences que nous présentons tous avec nos congénères. En tenir compte nous permet de nous sentir plus à l'aise et de composer avec les uns et les autres en les respectant.

QUATRIÈME PARTIE

Je regarde en avant (la prochaine fois sera la bonne)

La plupart du temps, nous progressons pas à pas, un peu comme si nous montions un escalier une marche après l'autre.

Pour ce faire, nous tirons parti de nos expériences passées, bonnes ou mauvaises, afin de les recadrer, de les mettre en perspective et de comprendre ce qui a fait que nous avons réussi, ou non.

Ainsi, nous créons notre savoir-faire et enrichissons nos compétences.

À l'inverse, nous ne pouvons avancer lorsque nous ne focalisons que sur nos erreurs, sans accepter qu'elles fassent partie d'un processus normal d'apprentissage, et en nous culpabilisant de les avoir commises.

Alors nous perdons de vue la situation pour ne plus percevoir que nos émotions négatives, notre échec. Au détriment de la réalité qui est que, le plus souvent, nous savons malgré tout retomber sur nos pattes.

Pour sortir de cet engrenage, ou éviter qu'il ne survienne, nous devons apprendre à nous fixer des objectifs réalistes et atteignables.

Des objectifs que nous définissons en fonction de nos envies bien sûr, mais bien plus encore de nos compétences et de nos capacités.

Des objectifs que nous savons pouvoir atteindre, même si nous n'avons jamais encore essayé.

Des objectifs dont, progressivement, nous cesserons d'avoir conscience car le processus deviendra automatique et se fera, en quelque sorte, à notre insu et sans plus nous poser de problème.

Il n'est pas difficile d'arriver à cela. À condition d'avoir le bon mode d'emploi, c'est-à-dire d'avoir les bons outils et de les utiliser régulièrement. Il ne s'agit pas d'autre chose que d'apprendre ce que j'appellerai une nouvelle technique. Et, de cela, vous êtes capable assez facilement.

CHAPITRE XIV

Réussir, mode d'emploi

Imaginons que vous deviez aller en Angleterre et conduire une voiture anglaise. Pour cela, vous devez déjà savoir conduire. Ensuite, vous devez savoir ce que vous aurez à faire. C'est-à-dire que vous connaissez le mode d'emploi. Mais tant que vous ne serez pas sur place à pratiquer, vous n'aurez pas cette aisance qui est la vôtre au volant de votre voiture française.

Que se passera-t-il une fois sur place ?

Vous tirerez parti de vos acquis et vous les étendrez à cette nouvelle expérience. Bien sûr, au début, aucun de vos gestes ne sera automatique, et se seront même vos gestes habituels qui viendront en premier : vous verrez votre main droite se saisir de la poignée de la fenêtre en place du levier de vitesses.

Tout cela appartiendra au passé au bout de quelques jours, et vous aurez acquis de nouveaux automatismes.

Vous aurez « désappris » la conduite à droite et l'aurez remplacée par la conduite à gauche.

Le principe est le même en ce qui concerne l'acquisition de nouvelles habitudes, de nouveaux modes de pensée.

Il s'agit de donner à notre cerveau de nouvelles voies neuronales qu'il empruntera en place des anciennes. Ce qui se fait par la pratique et donc la répétition de ce que vous souhaitez acquérir.

Pour commencer, il faut tirer parti de toute votre expérience, et mettre à profit votre passé. Ensuite, définir vos objectifs, et vous préparer à les atteindre.

Je fais le point

Je fais le point pour tirer parti de tout ce que j'ai identifié en me penchant sur mon passé. Pour savoir donc ce que sont mes difficultés, ce qui les accentue, ce qui les diminue et ce qu'elles représentent réellement pour moi.

Il est important de se ménager chaque jour un moment pour cela. Un moment durant lequel vous serez dans un état d'esprit favorable pour vous pencher sur ce qui compte pour vous.

Comme nous l'avons vu dans la première partie de ce livre, faire le point implique de se poser les bonnes questions. À savoir, en ce qui concerne les difficultés :

Quelles ont été aujourd'hui mes difficultés ? Qu'est-ce qui ne m'a pas convenu dans ma journée ?

Comment aurais-je voulu réagir ?

Qu'est-ce que j'aurais dû ressentir ?

Qu'est-ce que je pense et qu'est-ce que je pourrais penser d'autre ?

Dans quel contexte ma difficulté se produit-elle ? Est-ce habituel, voire systématique, ou juste occasionnel ?

Qu'est-ce qui m'aide habituellement, et qu'est-ce qui accentue mon problème ?

Qu'est-ce qui me fait dire que c'est un problème ?

En est-ce un parce que c'en est un pour la plupart des gens, ou bien est-ce vraiment par rapport à moi, à ma manière d'être ?

D'ailleurs, est-ce réellement un problème ?

En suis-je seul responsable ?

Si les autres sont responsables de mon malaise, comment puis-je comprendre leur attitude et qu'est-ce qui peut l'expliquer ?

Y a-t-il eu des moments dans le passé où j'ai su résoudre ce genre de difficultés ?

Comment ai-je alors fait ?

Comment puis-je étendre cette capacité à ce qui m'est arrivé aujourd'hui ?

Quelle est la valeur, ou les valeurs, non satisfaite dans cette situation ?

Dans une discussion avec un tiers, mettons-nous les mêmes en avant ?

Quelles sont celles de mon interlocuteur ?

N'oubliez surtout pas non plus de vous pencher sur vos succès :

Qu'avez-vous réussi aujourd'hui ?

Quelles compétences cela a-t-il mis en jeu ?

Est-ce quelque chose que vous réussissez habituellement ou quelque chose que vous aviez jusqu'à présent du mal à faire ?

Comment pouvez-vous vous en servir pour l'avenir ?

Quelles ont été les qualités que vous avez mises en avant ?

Quels plaisirs avez-vous vécus ?

Quels ont été vos moments de bonheur ?

Quelle serait votre journée si vous aviez vécu une journée idéale ? Les gens que vous avez côtoyés seraient-ils toujours là ? Et vos plaisirs et vos moments de bonheur ?

Ce faisant, vous développez une vision plus juste de votre problématique et de ce à quoi vous pouvez réellement prétendre en termes d'objectifs.

Je me fixe des objectifs

Définir des objectifs se fait par rapport à des aspirations : comment se voit-on ? Où veut-on aller ?

Il faut donc avoir une vision globale et une ligne directrice. Et savoir par quelles étapes intermédiaires on va devoir passer sur ce chemin.

JE DÉFINIS MA LIGNE DIRECTRICE

Votre ligne directrice correspond à vos objectifs généraux, aux grandes directions dans lesquelles vous avez envie d'avancer, à des grands domaines.

Il s'agit ici de visualiser l'image de votre projet, un peu à la manière d'un puzzle que vous démarrez : avant de savoir où vous placez les morceaux, vous devez savoir quelle image il représente.

C'est la même chose en ce qui concerne vos lignes de conduite. Vous devez en avoir une vision plus ou moins claire.

Plus ou moins claire, et non pas figée, car cela vous permettra d'ajuster vos idées en fonction du chemin que vous parcourrez, des idées nouvelles que vous pourrez avoir au fur et à mesure, des gens que vous rencontrerez, etc.

Ce sont l'ordre du jour d'une réunion, le thème d'une soirée, le sujet d'un exposé, le style de vacances dont vous avez envie, ou encore les activités que vous souhaitez mener.

Ce peuvent également être des objectifs plus vastes : changer de travail, se réorienter complètement, déménager, créer une association, ou des objectifs de vie comme arriver à être plus serein, ne plus se mettre en colère...

Les définir est fondamental et constitue la première étape, sans laquelle rien n'est possible. Par contre, les atteindre nécessite de visualiser le chemin que vous aurez à parcourir, c'est-à-dire de visualiser les morceaux du puzzle, de définir vos étapes et ce dont vous pouvez avoir besoin pour les atteindre.

JE METS UN PIED DEVANT L'AUTRE

Pour mettre un pied devant l'autre, vous devez raisonner en termes d'étapes à franchir, de marches à gravir, et donc définir vos objectifs particuliers.

Si votre objectif général est du domaine des activités, alors définissez lesquelles vous souhaitez faire dans le mois qui vient : inviter tel et tel ami à dîner, aller voir telle pièce au théâtre, tel film au cinéma, partir en week-end, aller à la piscine, lire tel livre...

Vous ne ferez probablement pas tout, mais vous en aurez fait plus que si vous en étiez resté à « ce mois-ci, j'ai envie de faire des choses », sans définir quoi, ni quand, ni avec qui, ni...

C'est d'ailleurs le même processus que nous utilisons tous, par exemple, lorsque nous bricolons. Avons-nous une pièce à repeindre (objectif général, image du puzzle) que nous définissons dans quel ordre nous allons commencer (vider la pièce, la nettoyer, commencer par le plafond, mettre une première couche d'enduit, puis deux couches de peinture, terminer par les finitions), ce qui correspond aux morceaux du puzzle. Ce faisant, nous définissons également ce dont nous avons besoin (rouleaux, peinture, pinceaux, bâches, échafaudage) et le moment particulier où nous serons disponible.

Ainsi, décomposer un projet permet de le rendre réalisable, chacune des étapes étant plus abordable et surtout plus réalisable.

Cela évite également de ne pas démarrer.

En effet, je vois régulièrement des personnes qui me disent avoir de nombreux projets et n'en réaliser aucun, ou très peu. Pourquoi ? Car elles ne voient que l'image globale (je veux escalader l'Himalaya), sans prendre en compte les étapes indispensables à leur réussite. Tout projet doit se décomposer, un peu comme un saucisson que vous ne mangez pas d'un coup, mais que vous découpez en rondelles.

S'il est souvent plus facile de commencer par visualiser l'image globale afin que chaque petite partie devienne un succès à part entière, cela peut néanmoins s'avérer un écueil.

Notamment en ce qui concerne les projets de développement personnel. En effet, en la matière, l'objectif prime sur le détail. « Je ne veux plus jamais me mettre en colère ; je veux avoir confiance en moi ; je veux pouvoir tisser des liens avec les autres. » Autant de projets qui correspondent à la disparition d'un état que je qualifierai gentiment de désagréable, mais que je ne minimiserai pas, car il peut représenter de grandes souffrances.

C'est pourquoi nous sommes impatients de nous en débarrasser et nous souhaitons que cela se produise, en somme, d'un coup de baguette magique.

Ce qui est, malheureusement, impossible. Alors, comme notre objectif est de ne plus vivre ces situations qui nous font mal, nous ne voyons pas les succès, petits ou grands d'ailleurs, que nous vivons chaque jour dans ce domaine.

C'est pourquoi, s'il est un sujet pour lequel il faut impérativement définir des étapes intermédiaires, c'est bien celui-ci. Afin justement de mettre en perspective les progrès que vous réalisez chaque jour, et vous permettre d'atteindre enfin cet objectif tant convoité.

Faites d'abord une liste de toutes les situations qui correspondent à votre problématique et classez-les, par exemple de la moins difficile à la plus difficile.

Vous définissez ainsi les marches de l'escalier que vous souhaitez gravir.

Chaque fois que vous en avez atteint une, vous savez que vous êtes sur la bonne voie et que le succès est au rendez-vous.

Définir vos objectifs vous permet donc de savoir où vous allez. Les atteindre implique de tenir compte, au fur et à mesure de votre chemin, de les adapter à la réalité, à vos compétences, aux rencontres que vous faites, aux idées nouvelles que vous avez, en d'autres termes au contexte dans lequel vous vivez.

* *
*

Voir l'image globale et ses détails

Faites une liste de vos projets, puis classez-les. Plusieurs critères sont possibles : l'urgence, la priorité, votre envie, ce qui est faisable, ce qui est le plus simple.

Choisissez-en un (ou deux).

Faites alors une liste[1] de tout ce que cela implique, tous les éléments dont vous avez besoin (un peu comme les ingrédients d'une recette de cuisine, mais également les ustensiles).

Tel jeune homme travaillant dans l'informatique souhaite démarrer une activité complémentaire de masseur-relaxologue. Il lui faut définir s'il souhaite un cabinet ou travailler chez les gens. Il préfère un cabinet. Alors comment le trouver ? De quoi a-t-il besoin pour le meubler ? Peut-il en sous-louer un pour un jour par semaine pour démarrer ? Comment se faire connaître ? En le visualisant, il lui faut (en vrac) un téléphone (donc être inscrit dans les pages jaunes), des cartes de visite, contacter les médecins voisins pour se faire connaître, passer des petites annonces...

---

1. Vous pouvez vous aider d'un processus très efficace : le *mind-mapping*®, qui est une aide à la visualisation des projets. Il y a sur Internet des sites particulièrement bien conçus. J'en mentionne quelques-uns à la fin de ce livre.

CHAPITRE XV

Je tiens compte de la réalité

Des gens avec qui vous n'arrivez pas à discuter, des projets qui ne sont pas menés comme vous pensez qu'ils auraient dû l'être, des films qui se déroulent d'une manière que vous ne comprenez pas, autant de petites choses qui reflètent la réalité telle qu'elle est, mais aussi telle que vous ne la percevez pas forcément, ne l'acceptez pas toujours et n'en tenez pas vraiment compte.

Or il n'est pas toujours nécessaire de vous remettre personnellement en question. Il suffit parfois de prendre conscience de ce qu'est la réalité afin de faire avec.

Cela peut ne pas être très agréable ni très satisfaisant, mais, comme me le faisait remarquer un monsieur, « on s'y fait, par la force des choses » !

Le contexte

Nous vivons dans un monde qui présente des caractéristiques données et bien définies. Certaines nous sont tellement évidentes que nous ne songerions pas à les mettre en question. D'autres le sont moins, et nous cherchons alors à les adapter à notre personnalité. Ce qui est particulièrement utile et efficace lorsque c'est possible. Quand ça ne l'est pas, la seule solution est de nous y adapter.

JE L'ADAPTE À MA PERSONNALITÉ

Il peut sembler étonnant à première vue de vouloir modifier votre environnement.

C'est cependant indispensable, et c'est ce que nous faisons tous sans nous poser de questions dans de nombreuses circonstances que nous qualifierions d'anodines : vous aimez la musique ? N'avez-vous pas de chaîne stéréo pour en écouter ? Un papier peint chargé de dessins vous met-il si mal à l'aise que la prochaine fois que vous refaites vos murs, vous utilisez une peinture unie ?

Nombreux sont les exemples similaires que vous pourrez trouver en vous demandant de quelle manière vous avez modifié votre environnement pour faire tout simplement en sorte qu'il vous corresponde et qu'il vous plaise.

Oui, mais, me direz-vous, nous ne parlons pas juste de votre appartement. Nous parlons de votre bien-être.

C'est exactement la même chose.

En matière de gestion du stress, que faisons-nous en premier lieu ? Chercher comment modifier l'environnement des personnes qui viennent nous demander conseil afin de le rendre moins stressant, plus sécuritaire et plus simple.

Pour cela, nous identifions d'abord ce que sont les éléments de stress, et nous nous employons alors à les diminuer ou à les faire disparaître lorsque cela est possible.

Je me souviens d'une femme venue me voir car elle ne pouvait pas passer sous le tunnel de la Défense en voiture. Chaque matin, à son approche, elle devenait de plus en plus stressée, ne pensant plus qu'à ce malaise et à la difficulté qu'elle ressentait.

N'oublions pas, dans ce type de situation, l'importance de mettre en lumière le but du jeu. L'objectif ici est-il de passer sous le tunnel ou bien d'aller d'un point à un autre ?

D'aller d'un point à un autre, nous sommes d'accord, et ce, quel que soit (plus ou moins) le chemin emprunté.

Que cette femme n'aime pas les tunnels, c'est une chose. Qu'elle se force à les emprunter (pour quelle raison ?), c'en est une autre.

Mettre ainsi en perspective ce qu'est sa personnalité (je n'aime pas les tunnels) lui a permis, dans un premier temps, de ne plus les prendre, donc de modifier son environnement, ce qui avait pour but de lui faire prendre conscience qu'elle n'y était pas obligée et, par conséquent, de lui permettre de les reprendre le jour où elle en aurait besoin. En sachant qu'elle n'aimait pas cela, mais qu'elle était capable de le faire.

Ce faisant, elle s'adaptait à un environnement qu'elle n'aimait pas.

JE M'Y ADAPTE

S'adapter au monde qui nous entoure, aux situations que nous vivons chaque jour est l'une des capacités les plus importantes. C'est elle qui nous permet de ne pas être trop tendu, nerveux ou stressé devant une circonstance nouvelle.

Cela demande parfois des efforts, lorsque nous ne comprenons pas comment ni pourquoi les choses ne vont pas dans notre sens.

Comme je l'ai déjà dit, je vois souvent des gens dont les projets n'aboutissent pas car ils n'ont pas tenu compte de la réalité. La réalité, en ce sens, ce n'est pas un projet intéressant, une « invention » utile. C'est cela bien sûr, mais pour que cela voie le jour, c'est avant tout une vision exacte de l'état du marché (est-il prêt pour votre idée ? y a-t-il des idées concurrentes ou similaires ?), ce sont des contacts dans le milieu concerné, un financement, du temps devant vous, les connaissances nécessaires, les moyens pour le mener à bien, bref, tout un tas de choses non directement liées à votre idée elle-même mais sans lesquelles votre projet a toutes les chances de capoter.

Tel ce jeune homme mordu d'électronique. Il travaille dans une grosse entreprise et a de nombreuses idées de petits objets amusants, inexistants et faciles à réaliser. En théorie. Car en pratique, il lui manque le savoir informatique (pour développer l'interface dont il a besoin), le savoir financier (il voit tout de suite la réalisation en série de ses objets) et, au final, il n'avance pas. Pas réaliste, son projet ? Non, du moins pas en l'état, car il n'a ni le temps ni les contacts pour se consacrer à la réalisation d'une usine.

La solution ? Soit il maintient son idée de réalisation à grande échelle, et la première étape est de chercher comment il peut rencontrer des personnes lui permettant de rencontrer des financiers lui permettant de monter son projet.

Soit il l'adapte à sa réalité (« je suis tout seul dans mon coin, et je bricole le soir et le week-end dans mon garage »), et commence par des objets un peu moins sophistiqués ou perfectionnés qu'il peut donner ou commercialiser à moindre frais par exemple sur des sites Internet.

Les gens

De même que pour notre environnement, les gens ont des caractéristiques, des valeurs qui leur sont propres.

Impossible ici par contre de les modifier. Il faut soit les prendre comme ils sont, soit en faire abstraction.

JE FAIS ABSTRACTION D'EUX

Nous sommes ainsi faits que nous tenons compte de nos semblables. D'une certaine manière, c'est parfait car nous sommes des animaux sociaux : pour vivre en bonne intelligence, nous devons penser à nous, mais également aux autres.

Or notre monde a de plus en plus tendance à uniformiser les individus, que ce soit par la mode, le consumérisme, la télévision et le cinéma, les actualités et les médias... partout les mêmes messages, les mêmes centres-ville, les mêmes idées véhiculées comme un leitmotiv.

Sans tout rejeter en bloc, car cela permet aux mentalités d'évoluer dans le même sens, et c'est heureux, il convient de se poser individuellement la question de ce qui vous correspond réellement.

Êtes-vous sujet à la pression sociale, et tend-elle à vous imposer son point de vue au détriment du vôtre ? Et cela vous fait-il souffrir ?

L'un des domaines les plus préjudiciables au bien-être mental est celui de la confiance en soi. En effet, là, le modèle que nous valorisons et cherchons à imiter est celui des personnes que nous considérons comme affirmées : tel monsieur ou telle dame qui a toujours un avis sur tout, qui sait toujours quoi répondre, qui n'est jamais pris(e) au dépourvu, qui est à l'aise en toutes circonstances, qui a une vie sociale bien remplie, qui connaît tout le monde.

Oui, mais, ce faisant, nous oublions de considérer leurs travers : s'ils ont un avis sur tout, ils n'écoutent pas celui des autres, n'ont que des rapports superficiels avec les gens qu'ils côtoient, n'ont donc que peu d'amis, et dans le fond ils ne sont pas si à l'aise que cela. En un sens, certes un peu réducteur, leur aisance cache leur malaise : s'ils ont besoin de montrer au monde entier qu'ils sont les meilleurs partout, c'est parce qu'eux-mêmes ne le savent pas ; et s'ils ne le savent pas, c'est parce qu'ils n'ont pas une telle confiance en eux ; s'ils ont besoin d'imposer leur point de vue, c'est qu'un autre point de vue est considéré comme une mise en échec du leur, ce qui est impensable[1].

Ce n'est pas ce que nous percevons spontanément chez ces personnes. Bien au contraire. Alors, nous cherchons à leur ressembler au détriment de notre propre personnalité.

---

1. Pour ceux que le sujet intéresse, voir mon ouvrage *Bien avec soi-même, bien avec les autres*, Paris, Payot, 2008.

Une personnalité moins affirmée a également de nombreuses qualités : plus tournée vers les autres, plus à leur écoute, moins dans la course à la réussite...

Mettre en perspective vos qualités, vous permet alors de savoir de quelle manière vous avez plutôt envie de vous comporter, sans vouloir copier les autres.

Apprenez à vous demander si ce qui vous fait agir vient réellement de vous, ou est initié par le plus grand nombre. Vous aurez ainsi un élément supplémentaire pour prendre votre décision, voire vous adapter à vos concitoyens.

JE LES PRENDS COMME ILS SONT

Ce n'est pas parce que vous n'êtes pas d'accord avec le plus grand nombre que vous devez rejeter les autres et vous couper du monde.

Les prendre comme ils sont revient à accepter qu'ils soient différents de vous et que ça n'ait pas plus d'importance que cela.

Cela revient à vouloir tisser malgré tout des liens avec eux.

À ne pas vouloir les changer parce que justement vous savez qu'ils sont différents, et ce, même lorsque vous pensez avoir raison.

Cela revient donc à mettre en perspective leurs moteurs, leurs personnalités, leurs goûts, leurs caractères et leurs valeurs.

Reprenons l'exemple de cette jeune femme qui s'énervait chaque fois qu'elle allait voir son père. Dans le fond, ce qu'elle voulait réellement, c'était qu'il change et qu'il finisse par accepter sa vision à elle des choses. Oui, mais ainsi elle occultait sa personnalité à lui, qui était qu'il ne pouvait pas concevoir que la vie de sa fille puisse être épanouissante. Pourquoi ? Car, encore une fois, ils n'ont pas les mêmes valeurs, les mêmes priorités, les mêmes centres d'intérêt.

D'accord, mais pourquoi serait-ce à elle de s'adapter et pas à lui ? Tout simplement parce que c'est elle que cela fait souffrir (lui aussi très probablement, mais l'histoire ne le dit pas), et c'est elle qui se remet en question.

Alors que vaut-il mieux ? Continuer encore et encore à se fâcher, ou bien se dire que son père est ainsi fait et s'adapter à lui ?

JE M'ADAPTE À EUX

S'adapter, cela ne veut pas dire faire profil bas et ne plus exprimer son point de vue. Cela veut d'abord dire constater qui est votre interlocuteur. Mettre en lumière sa personnalité avec, comme on l'a dit dit, ses valeurs, ses moteurs, ses priorités, ses caractéristiques.

Pour pouvoir ensuite l'anticiper et construire un scénario différent de celui habituel.

En vous préparant ainsi de la bonne manière, vous pourrez enfin changer ces scénarios qui vous pèsent.

* *
*

Le savoir-vivre

Le savoir-vivre n'est pas cette chose un peu désuète que nos grands-parents apprenaient dans les manuels, et qui nous semble le reflet d'une époque un peu empesée.

C'est l'ensemble des règles et des codes de conduite de la vie en société.

Que de personnes je reçois qui me disent manquer de confiance en elles, alors qu'il ne leur manque en fait que le mode d'emploi de leurs congénères ! Ce jeune homme qui me dit rester dans son coin à chaque soirée où il est invité ne demande pas mieux que d'aller vers les autres. Seulement, il ne sait pas comment faire, ce qu'on dit, ce qu'on ne dit pas. Une fois qu'il l'a su, il n'a plus eu aucun problème.

Les codes de l'entreprise ont également changé. Le « qui ne dit mot consent » qui avait cours auparavant n'est plus aujourd'hui vrai. Si vous ne répondez pas à une demande, notamment par courriel, c'est bien parce que vous ne voulez pas la satisfaire. De même qu'on ne doit pas répondre à tous ceux que nous recevons quotidiennement.

Pour arriver à savoir vous comporter, en société ou dans votre milieu professionnel, vous pouvez soit vous référer à un manuel (cela fait fureur en ce moment), soit faire confiance à votre instinct, soit observer les autres afin de voir comment eux font pour pouvoir les imiter par la suite, soit encore demander conseil à une personne de confiance.

CHAPITRE XVI

Je mets toutes les chances de mon côté

Réussir ce que vous avez décidé de faire nécessite le bon mode d'emploi et les bons outils.

Premièrement, il faut que vous ayez confiance en votre capacité à réussir, que vous sachiez que vous en êtes capable.

Ensuite, il faut vous préparer correctement.

Je ne perds pas de vue mon objectif

Pour réussir, vous devez d'abord savoir exactement ce que vous voulez et où vous voulez aller.

Aussi, la toute première chose à faire est de repenser à votre objectif, ne pas partir au jugé.

Que vous ayez un objectif général ou un objectif particulier, forcez-vous à le garder en ligne de mire, en perspective.

On l'a vu, chaque situation peut se décomposer en sentiments (ce que vous ressentez) et en objectif pur, basique. Il vous faut les séparer, artificiellement, pour focaliser sur le but du jeu, et accepter que vous ne serez pas d'emblée à l'aise, mais que vous aurez atteint votre but.

Au lieu de focaliser sur ce que vous ressentez, vous portez ainsi votre attention et vos efforts sur les raisons de votre présence et vous vous rendez compte que, malgré les difficultés, vous êtes capable d'atteindre le but que vous vous êtes fixé.

Je sais que je peux le faire

Si vous regardez derrière vous, votre histoire, les événements qui constituent votre vie, vous verrez que vous avez réussi de nombreuses choses. Vous avez toujours su vous adapter, rebondir et vous en sortir.

Vous ne seriez pas là où vous êtes aujourd'hui si ce n'avait pas été le cas.

Prenez conscience que, dans d'autres circonstances, vous avez su réussir ce que vous voulez faire aujourd'hui.

Prenez conscience également de votre savoir-faire. Le savoir-faire est la compréhension implicite d'un procédé, par exemple comment prendre une décision, comment changer une ampoule électrique, comment trouver une solution, comment conduire votre voiture...

Je me souviens d'un jeune homme qui me disait, après une rupture sentimentale, qu'il n'arrivait plus à prendre aucune décision. Ce n'était pas juste, car il en était capable en de nombreuses occasions (changer de voiture, trouver des solutions dans son travail), mais pas dans celles qui lui importaient à ce moment précis de sa vie (savoir s'il allait garder son appartement qui lui rappelait des souvenirs ou pas, savoir s'il devait rappeler son ex-amie pour faire le point une dernière fois).

Prendre conscience qu'il était, même dans ses moments d'extrême tristesse, capable de décider de choses finalement pas si anodines, lui a fait reprendre confiance dans sa capacité à avancer.

Nous négligeons souvent une compétence ou un savoir-faire, car ils font partie intégrante de notre fonctionnement et sont devenus automatiques.

Transférer son savoir-faire est cependant fondamental pour nous permettre de l'élargir à de nouveaux domaines, ceux-là mêmes qui nous préoccupent.

Identifiez ainsi les compétences dont vous avez besoin pour la nouvelle tâche que vous cherchez à accomplir, et cherchez dans votre passé dans quelles circonstances vous avez pu les utiliser. Cela vous confortera dans votre capacité à réussir.

Cherchez également dans votre passé tout ce que vous avez réussi, sans entrer dans le détail des compétences impliquées. Vous trouverez obligatoirement quelque chose qui a trait à ce que vous cherchez à accomplir aujourd'hui. Savoir, sans en détailler le processus, que vous en êtes capable est tout autant efficace

Vous saurez ainsi pourquoi vous vous trouvez capable et réfléchirez alors plus calmement au moment qui vous attend.

Je pense à ce que j'ai décidé de faire

Savoir anticiper, dans le bon sens du terme, fait partie des outils fondamentaux pour avancer.

Il ne s'agit pas de rester à ratiociner en pensant : « Je n'y arriverai pas, c'est trop dur, je ne peux pas me lancer », mais de mettre à plat tous les éléments du puzzle, de les visualiser, et de les mettre en musique.

Une fois que vous avez clairement formulé votre objectif et que vous avez identifié les compétences et les savoir-faire dont vous disposez, vous pouvez vous pencher sur ce que vous craignez qu'il se passe.

Encore une fois, non pas en pensant que « ça n'ira pas » (trop vague), mais en pensant à chacune des étapes et à ce que vous pouvez craindre pour chacune d'entre elles.

Vous avez peur, par exemple, que votre chef vous refuse l'augmentation que vous estimez mériter. Vous pouvez vous dire : « Il va me la refuser, il va me la refuser », et aller frapper à sa porte en disant quelque chose du genre : « Bonjour, je viens vous voir à propos de mon augmentation. » À quoi il répond : « Je n'ai pas le temps, de toute façon c'est déjà décidé », et vous repartez dépité, en colère, en pensant à nouveau : « Je savais bien que c'était raté d'avance. »

Vous pouvez également anticiper en vous fixant un objectif clair (quelle augmentation serait satisfaisante, et s'il ne veut pas ou ne peut pas m'en accorder une, que puis-je lui demander en contrepartie ?), en préparant les arguments qui peuvent jouer en votre faveur, en choisissant un moment où vous serez disponibles tous les deux, et en répétant votre scénario en imagination.

Cela signifie que vous prenez un moment pour y penser. Et vous vous imaginez en train de vivre la situation. Vous frappez à sa porte. Que vous répond-il ? Que dites-vous ? Et ainsi de suite, sur chaque sujet de préoccupation, jusqu'à ce que vous soyez retourné dans votre bureau.

Avoir anticipé de cette manière fait que, si l'un des éléments de votre scénario se produit, vous n'êtes pas pris au dépourvu et savez comment vous comporter et quoi répondre.

Vous ne gagnez pas à tous les coups, mais vous augmentez vos chances de réussite.

Je prépare ma trousse à outils

Les outils, ce sont toutes les solutions possibles pour vous permettre de vivre au mieux la situation que vous n'aimez pas.

Moins nous aimons une situation, plus nous la craignons et plus nous y pensons. Plus nous y pensons, moins nous l'aimons et plus nous la craignons. Plus nous la craignons et plus nous y pensons, et ainsi de suite.

Pour sortir de cette spirale infernale, il faut... penser à autre chose !

C'est pour cela qu'il vous faut préparer votre trousse à outils, de même que précédemment, afin de ne pas être pris au dépourvu et de ne pas retomber dans les automatismes et les mauvaises habitudes.

Et que faisons-nous lorsque nous vivons une situation qui ne nous dérange pas ? Dans le métro par exemple, au lieu de focaliser sur l'accident qui risque de se produire, nous regardons les autres, les écoutons, lisons par-dessus leur épaule, écoutons de la musique, lisons les affiches, bref, nous nous occupons l'esprit.

C'est cette trousse à outils qu'il vous faut anticiper et emporter avec vous.

Donc, pensez à la situation qui vous préoccupe et préparez toutes les stratégies qui vous permettront d'aller le moins inconfortablement possible jusqu'au bout.

Pour les transports, prévoyez un journal (pas trop compliqué), des jeux, téléphonez, écrivez une lettre...

Pour une réunion, prévoyez une porte de secours : si vous craignez d'être coincé, anticipez-le en disant quelque chose du genre : « J'attends un appel important, alors j'ai mis mon téléphone sur vibeur et, s'il sonne, je serai obligé de sortir », ou : « Je suis un peu barbouillé en ce moment ; avec toutes ces épidémies de grippe et de gastro, j'espère ne pas en avoir attrapé une... »

Rien de tout cela n'est vrai, bien sûr, mais c'est ce qui vous permet de ne pas vous sentir coincé et de rester jusqu'au bout de la réunion.

D'expérience, vous n'aurez jamais besoin d'utiliser votre porte de secours.

En revanche, vous aurez besoin, une fois votre mission accomplie, de vous féliciter de l'avoir menée à bien.

Je m'encourage

Une fois votre objectif atteint, félicitez-vous.

Car cela n'a été ni facile ni sans douleur.

Vous avez vraiment toute légitimité à vous dire « bravo » : vous l'avez fait, et cela seul suffit.

Et dites-vous : « Je l'ai fait, donc la prochaine fois je le ferai aussi, et ce sera moins difficile », afin de sortir du cercle vicieux dans lequel vous êtes pris.

La prochaine fois, ce sera encore mieux

Si bien que la fois suivante, avant de démarrer une situation difficile, vous vous direz : « La dernière fois je l'ai fait, donc aujourd'hui je vais le faire aussi, et ce sera moins difficile. »

Ce faisant, vous vous préprogrammez, et commencez à vous déshabituer.

Focalisez sur l'étape que vous venez de franchir, la marche que vous avez gravie, et non pas sur ce qu'il vous reste à accomplir.

Ne vous dites pas : « Il me reste tout cela à faire, je n'y arriverai pas », mais : « Il y a tout cela qui ne va pas, j'en ai conscience et je suis sur le bon chemin pour avancer. »

Ainsi vous pouvez vous préparer aux étapes suivantes. N'oubliez pas que vos objectifs sont progressifs. En vous encourageant à chaque réussite, vous pouvez généraliser votre expérience présente en vue de la suivante, vous appuyer dessus pour avoir confiance en votre capacité à faire face et en vos compétences. C'est cela qui vous fait réussir.

* *
*

Une petite voix me dicte le bon sens

Ne vous est-il jamais arrivé de vous dire : « Zut, je le savais, pourquoi n'ai-je rien dit ? », par exemple dans un jeu télévisé ou dans une réunion ?

Vous savez quelque chose, sans vraiment le savoir et sans en avoir une conscience très claire. Mais vous le savez. Et vous n'en faites rien, car vous ne croyez pas à l'intuition, à l'instinct, à cet espèce de phénomène pas très rationnel.

Et vous avez tort, car votre petite voix intérieure vous trompe rarement.

En effet, vous vous connaissez (vous vivez avec vous-même), et si vous vous posez deux minutes, vous êtes capable de dire ce qui vous correspond. Si vous arrivez à vous débarrasser de tout ce qui s'est agglutiné autour de votre ego (les habitudes, les usages, les traditions) tant et si bien que vous avez oublié que vous saviez faire un grand nombre de choses.

Tel ce papa sur une plage de galets qui ne savait pas construire un château pour sa petite fille. Quelle difficulté pourtant y a-t-il à empiler dix cailloux les uns sur les autres ? Aucune, si ce n'est que l'on fait des châteaux de « sable », pas de cailloux.

Il s'est laissé imprégner par le poids des mots et a ainsi oublié que l'on pouvait faire autrement.

Les exemples sont légion, qui nous disent qu'il faut avoir pris des cours de bricolage pour savoir changer une prise de courant, ou des cours de jardinage pour arroser correctement ses jardinières, voire faire appel à un prestataire pour monter un meuble en kit. Mais pourquoi faut-il cloisonner notre vie en activités aussi diverses que sans rapport les unes avec les autres ?

Quid de nos grands-parents qui n'appelaient personne à la rescousse pour s'occuper de leur vie. Car la vie est un tout, global, constitué d'activités, certes, mais qui font partie de notre quotidien et que, tous, nous sommes capables d'exécuter.

Alors écoutez-vous. Écoutez cette petite voix qui vous dicte le bon sens et que vous avez oubliée en route.

CHAPITRE XVII

Malgré tout, je n'y arrive pas

Malgré tous nos efforts, nous ne réussissons pas toujours ce que nous avons entrepris.

Soit nous n'avons pas utilisé les bons outils, soit le contexte n'était pas favorable, soit nous ne nous sommes pas vraiment écoutés.

Je n'ai pas bien étudié la question

Avez-vous vraiment tenu compte de votre environnement, de la faisabilité de votre projet et avez-vous bien utilisé tous vos outils ?

Il est possible que la réponse soit « oui », mais il est plus probable que la réponse soit « non ».

Tel ce monsieur qui n'arrivait pas à passer sur un pont avec sa voiture. Il revient me voir en me disant qu'il faisait bien tout ce que nous avions dit, mais que, malgré tout, il continuait d'être tétanisé.

Lorsque je lui demande comment il a procédé, il me dit qu'il s'est obligé chaque jour à prendre le pont qu'il détestait. Et chaque fois il se traitait de tous les noms car, à son approche, l'anxiété montait tant et si bien qu'il arrivait de l'autre côté du pont en sueur.

Mauvais outils. Le premier consiste à ne pas se créer d'obligations : rien d'obligatoire à prendre le pont. Le but du jeu, pour ce monsieur, est d'arriver à son travail, quel que soit le chemin qu'il emprunte, pont ou pas pont.

Le deuxième outil consiste à s'occuper l'esprit suffisamment pour ne pas être la proie de son angoisse montante.

Le troisième est de ne jamais s'en vouloir ni culpabiliser, mais au contraire de montrer de la tolérance et de l'indulgence envers soi-même.

Le quatrième est de s'encourager et se féliciter une fois traversé le pont.

Rien de ce que faisait ce monsieur.

Une fois les choses remises dans l'ordre, il a été capable de traverser ces fichus ponts.

Il est important de ne pas mettre la barre trop haut, de ne pas se créer trop de pression, et surtout de s'écouter et de tenir compte de soi.

Je n'ai pas tenu compte de moi

Tenir compte de soi, c'est tenir compte de la manière dont on fonctionne : moteurs, valeurs, priorités.

Si vous n'aboutissez pas dans un projet, il y a deux raisons.

Soit vous êtes à l'inverse de votre personnalité et n'agissez que pour des raisons externes à vous-même. Cherchez alors à identifier ces raisons. Certaines peuvent être excellentes, et nous ne faisons pas toujours que ce qui nous correspond.

Mais le savoir est indispensable.

Soit vous n'avez pas tenu compte de votre petite voix intérieure qui vous disait quc ce n'était pas prêt, ou que si vous le faisiez avant, vous commettriez une erreur.

Une jeune femme me disait qu'elle s'en voulait car, au bout d'une semaine, elle n'avait toujours pas écrit à une artiste japonaise pour la faire venir en France. Nous avons alors essayé de le faire ensemble... pour mettre en lumière qu'il manquait des informations et que si cette femme avait envoyé sa lettre huit jours plus tôt elle ne pouvait que recevoir un refus de la part de sa correspondante.

Lorsque nous remettons ainsi au lendemain, il est possible que cela soit de la fainéantise ou de la procrastination. Il est surtout possible que ce soit le signe qu'il vous manque quelque chose. Posez-vous alors la question en ce sens, et vous serez capable de trouver ce qui vous bloquait et de terminer ainsi votre projet.

En remettant les morceaux dans le bon ordre, vous serez capable de résoudre tout type de problème qui surviendra. Vous pourrez alors vous faire confiance et arrêter de vous poser des questions.

* *
*

Travailler sans travailler

Aussi paradoxal que cela puisse paraître, travailler sans travailler est une méthode particulièrement efficace.

Plutôt que de lancer votre cerveau sur un problème, un dossier ou n'importe quoi d'autre, en vous installant devant votre bureau, il est souvent plus efficace d'aller faire un tour pour le laisser réfléchir tranquillement. Vous reviendrez et il aura, en quelque sorte tout seul, trouvé la solution que vous cherchiez poussivement auparavant.

La première étape est de rassembler toutes les informations dont vous pouvez avoir besoin.

Puis, de décider, en conscience, que vous accordez votre priorité au projet concerné. Ce faisant vous donnez l'ordre à votre cerveau de s'en préoccuper.

Vous pouvez alors aller « faire un tour », bâiller aux corneilles, ou faire tout autre chose.

Un monsieur que je recevais aimait ainsi faire du bricolage : « Si je reste à mon bureau à essayer de mettre en place les morceaux de mon dossier, je n'y arrive pas, je m'énerve et y arrive d'autant moins. Alors je vais bricoler, jardiner, m'occuper l'esprit ailleurs. Une fois cela fait, mon dossier s'est ordonné tout seul. »

Car pendant ce temps, vous laissez libre cours aux processus automatiques de traitement des informations de votre cerveau.

Vous êtes ainsi plus efficace, et, surtout, beaucoup plus détendu.

CHAPITRE XVIII

Je reste où je suis (arrivé)

Lorsque vous avez atteint vos objectifs, lorsque vous avez fait le maximum pour résoudre un problème et qu'il n'y a toujours pas de solution, ou sur certains sujets ou dans certaines circonstances pour lesquels vous acceptez d'être ainsi fait que « ça ne vaut pas le coup » de se poser mille et une questions, alors il faut s'arrêter d'avancer.

Je ne peux pas faire plus

Vous avez bataillé, cherché à faire bouger les choses, essayé de mettre en place des solutions. En vain. Car, comme on l'a vu, il est une réalité dont nous ne pouvons faire abstraction, il est des autres qui ne veulent pas, ou ne peuvent pas à cet instant précis, faire ce que nous aimerions qu'ils fassent pour aller dans notre direction, des autres qui ont une personnalité différente de la nôtre mais avec laquelle il faut compter.

Nicolas me disait : « Je suis dans une grosse entreprise, et je gère deux équipes dont nous remplaçons tous les collaborateurs. Sachant que les départs sont programmés pour dans trois mois, que mon chef est bien sûr d'accord. Je viens de rater un recrutement, car il n'a pas validé la procédure. Qu'est-ce que je suis censé faire ? Dans trois mois, cela va être la panique. Nous allons être en sous-effectifs, et les risques sont grands. Nos clients vont se retourner contre nous, car nous ne pourrons plus répondre à leurs demandes, et ils vont nous demander des dédommagements. Là, ça ne va pas plaire du tout. »

Cette situation est particulièrement stressante parce que Nicolas ne se sent pas soutenu par son supérieur hiérarchique. Mais aussi parce qu'il anticipe ce que sera le résultat de cette léthargie en termes de charge de travail pour les mois suivants. Enfin, parce qu'il se remet en question : il est persuadé de ne pas être à la hauteur, car sinon il aurait réussi à faire avancer les choses.

Or, comme je l'ai dit, il est important de considérer la réalité : pour de multiples raisons (charge de travail autre, priorités différentes, personnalité propre), son chef ne valide pas son processus de recrutement. C'est un fait. Quoi que Nicolas fasse, pour l'instant, rien ne changera cela. En revanche, par la force des choses, le chef sera obligé de bouger (on peut en tout cas le supposer) lorsqu'il se trouvera au pied du mur. En attendant, Nicolas a tout tenté, et il ne lui reste plus qu'à accepter la situation sans plus se remettre en cause.

Accepter, mais pas baisser les bras. Baisser les bras, en l'occurrence, reviendrait à dire : « Je ne suis pas écouté, donc je laisse tomber ! »

Accepter, c'est considérer un paramètre nouveau à son équation qui, en place de ce qu'elle était (nous n'arriverons pas à produire le même travail puisque mes effectifs ne seront pas complets), devient : « Dans trois mois, j'aurai deux équipes réduites ; les demandes de mes clients seront identiques ; je ne pourrai pas travailler de la même manière ; comment puis-je adapter mes procédures de travail et répartir les tâches de mes équipes pour que le travail soit tout de même accompli et que les clients ne se plaignent pas trop ? Je n'ai pas la solution exacte, mais on pourrait envisager par exemple de donner des réponses moins détaillées aux demandes des clients ou leur répondre avec des délais plus longs.

Une fois que Nicolas a accepté et assumé qu'il avait fait tout ce qu'il pouvait et qu'il n'avait donc plus à se remettre en question puisqu'il était arrivé au bout de son chemin, il a pu envisager plus sereinement des solutions, non satisfaisantes à long terme, mais permettant de pallier le problème dans l'immédiat.

En ce sens, prendre conscience de la qualité de son travail, de la qualité de ses réalisations, permet de se dire : « Oui, décidément, je suis sur la bonne route ! »

Ma vie est conforme à mes aspirations

Vous êtes là où vous avez toujours souhaité être.

Ce qui veut dire que vous savez que vous êtes sur la bonne direction, pas que vous cessez d'avancer, mais que vous profitez du chemin, du temps qui passe, en conscience et en connaissance de cause.

Vous savez que tous vos projets ne sont pas encore réalisés, que d'autres sont en cours d'aboutissement, et que d'autres enfin ne verront jamais le jour.

Vous savez que votre vie est faite de hauts et de bas, que vous ne cherchez plus à contrôler, car vous avez pris conscience de vos capacités à faire face, à gérer les situations imprévues en retombant à chaque fois sur vos pattes.

Ces creux de la vague ne remettent ainsi pas tout en question et ne sont pas plus gênants que cela, car vous savez que vous faites ce que vous avez à faire, et que vous le faites bien.

Bon an, mal an, avec des bémols bien sûr. Mais vous savez tenir debout et vous avez pris conscience que c'est ce qui compte.

Vous savez choisir ce qui est bon pour vous, et ne subissez plus, ou plus autant.

Vous avez pris confiance en vos capacités, vous savez qui vous êtes et comment vous fonctionnez, même si cela n'est pas toujours conforme à la loi du plus grand nombre, si cela déstabilise parfois vos interlocuteurs. Des interlocuteurs avec qui vous avez appris à communiquer, dont vous avez appris à identifier les valeurs, les moteurs et les freins pour ne plus commettre (ou moins) d'impairs.

Vous avez ainsi gagné en sérénité.

Je suis comme je suis

Si vous êtes capable d'imaginer celui ou celle que vous aviez toujours voulu être, vous saurez que vous n'en êtes pas loin. Et que vous pouvez donc être fier de ce que vous êtes, car vous êtes conforme à vos souhaits.

Oh, bien sûr, comme tout le monde, vous avez des défauts. Mais, comme tout le monde également, vos qualités font que vous êtes quelqu'un de bien, d'estimable et que les gens aiment à côtoyer.

Une maman, celle-là même qui me parlait de ses colères intempestives, me disait cette grande vérité : « Je me suis toujours imaginée racontant des histoires, sur tout, car j'ai beaucoup d'imagination ; stimulant la curiosité de mon enfant en lui montrant la magie du monde qui l'entoure ; en lui inventant des histoires le soir pour l'endormir, si bien que mes personnages deviendraient ses amis ; en lui donnant le goût des choses simples, qui sont aussi les plus belles ; à nous amuser ensemble et à ne surtout pas se disputer. »

Dans sa vie de maman, tout était conforme à son image idéale, sauf ses colères. Colères, provoquées par la pression sociale, qui lui dictait des règles qui ne lui convenaient pas et qui l'empêchait d'être à l'écoute de son enfant pour lui répondre au mieux.

Une fois ses colères disparues, cette femme a été capable de vivre en harmonie avec elle-même, en acceptant que, de temps en temps, et à bon escient, elle se mettrait en colère et que c'était normal et justifié. Mais que, le reste du temps, elle pouvait être conforme à son image de maman idéale, en faisant ainsi abstraction des recommandations des uns et des autres.

Elle avait assumé sa personnalité ainsi que ses choix éducatifs.

Bien entendu, elle a continué à se poser des questions, mais dans le bon sens, dans des situations précises et pas pour changer sa personnalité.

Assumer qui nous sommes, cela passe indiscutablement par la connaissance de soi : savoir comment nous fonctionnons, ce qui nous motive, ce que sont nos moteurs, mais surtout si nos décisions sont bien conformes à nos souhaits, et prises par rapport à et pour nous, et non pas soumises à la pression et l'influence des autres.

Nous savons que nous aurons des hauts et des bas, et nous les acceptons, car nous savons les gérer, comme nous acceptons qu'il est des situations où nous ne pouvons rien faire.

Alors nous pouvons nous arrêter, et demeurer là où nous sommes arrivés.

* *
*

Les dons des fées

À votre naissance, les bonnes fées se sont penchées sur votre berceau. Elles vous ont fait cadeau de tous les dons que vous possédez aujourd'hui.

Il arrive qu'ils se diluent avec le temps qui passe. Qu'ils se diluent dans la vie que nous menons, dans les rapports aux autres que nous entretenons, dans la société qui nous environne. À tel point que nous ne savons plus très bien ce qui nous a été offert.

De même que cette maman qui avait perdu de vue quelle mère elle avait envie d'être, et quelle maman elle était au fond d'elle-même, repenchez-vous sur votre berceau.

Visualisez les rêves que vous aviez étant enfant, les rêves que vous aviez étant adolescent, et comment vous voyiez votre vie.

Quel était le conte de fées de votre vie ?

Quelle était votre personnalité rêvée ?

Mettez cela en lumière car, au fond, c'est cela votre vraie personnalité, une personnalité que vous n'exprimez peut-être pas, ou pas assez souvent.

Mettez-la en lumière, et vous vous donnerez les moyens de la vivre.

CONCLUSION

Avancer dans la vie, cela veut dire que vous savez tirer parti de vos erreurs, que vous les acceptez donc et que vous savez faire en sorte de ne pas les reproduire. Pas toutes, mais juste celles sur lesquelles cela vaut la peine d'arrêter votre réflexion.

Vous acceptez que la vie soit faite d'aléas, avec plus de bons côtés que de mauvais, et vous savez gérer les creux de la vague. Vous avez conscience que l'on ne peut pas contrôler tout ce qui nous arrive, que ce n'est pas réaliste.

Vous ne placez donc pas la barre trop haut, vous êtes ambitieux, mais pas perfectionniste, car vous savez qu'il est impossible de réussir parfaitement tout ce que l'on entreprend. Car cela dépend de vous, des autres et du contexte dans lequel vous vivez.

Vous savez ainsi tenir compte des réalités, de qui vous êtes.

Vous savez comment vous fonctionnez, quelle est votre personnalité propre, personnalité exempte du parasitage de la vie en communauté.

Vous savez ce qui vous motive, ce que vous aimez. Vous savez comment vous raisonnez, et vous savez accepter de ne pas être conforme à la loi du plus grand nombre.

Mais vous savez également faire avec le plus grand nombre, car vous avez conscience des différences qui existent entre vous et les autres, différences qui matérialisent la diversité humaine.

De ce fait, vous savez adapter votre personnalité aux gens qui vous entourent ; à la manière d'un acteur qui endosse plusieurs costumes selon les rôles qu'il doit jouer, vous endossez différents costumes selon les rôles sociaux qui sont les vôtres : de bon parent, à bon collaborateur et bon professionnel, à bon ami, bon conjoint, bon enfant... Car, bon an, mal an, avec vos qualités et vos défauts, vous êtes quelqu'un de bien.

Quelqu'un de bien avec des sautes d'humeur, avec des crises de colère, des peurs, mais aussi et surtout des joies et des réussites.

Réussites que vous savez valoriser et qui matérialisent le chemin qui est le vôtre, celui que vous avez choisi, sur lequel vous avancez tranquillement, confortablement, et sur lequel, plus tard, vous pourrez vous retourner, en vous disant : « Oui, cela a été ma vie et j'en suis fier. »

Alors, vous saurez vieillir sereinement.

POUR EN SAVOIR PLUS

CSIKSENTMIHALYI Mihaly, *Vivre. La psychologie du bonheur*, Paris, Robert Laffont, 2004.

ÉPICTÈTE, *Manuel*, Paris, Rivages, 1994.

GROZDANOVITCH Denis, *L'Art difficile de ne presque rien faire*, Paris, Denoël, 2009.

LUCAS Bill, *Boostez votre force mentale semaine après semaine*, Paris, Evergreen, 2008.

MARC AURÈLE, *À soi-même. Pensées*, Paris, Rivages, 2003.

MILLÊTRE Béatrice, *Petit Guide à l'usage des gens intelligents qui ne se trouvent pas très doués*, Paris, Payot, 2007.

MILLÊTRE Béatrice, *Bien avec soi-même, bien avec les autres*, Paris, Payot, 2008.

MILLÊTRE Béatrice, *Prendre la vie du bon côté. Pratiques du bien-être mental*, Paris, Odile Jacob, 2009.

PAVIE Xavier, *L'Apprentissage de soi. Exercices spirituels, de Socrate à Foucault*, Paris, Eyrolles, 2009.

READY Romilla, BURTON Kate, *La Programmation neuro-linguistique pour les nuls*, Paris, First, 2006.

VOLTAIRE, *Œuvres complètes*.

Sites Internet :

En anglais :

✓ www.mind.org.uk

En français :

✓ www.multikulti.org.uk/fr/health/how-to-improve-your-mental-wellbeing/

✓ http://learninglab.etwinning.net/web/mindmapping/

✓ www.penser-autrement.net

TABLE

INTRODUCTION 7

PREMIÈRE PARTIE

Avancer, qu'est-ce que ça veut dire ?

CHAPITRE PREMIER. Aller de l'avant 17
Mettre ma vie en adéquation avec mes aspirations 17
Éviter l'ennui 19
Apprendre à s'occuper 22

CHAPITRE II. Trouver des solutions à mes problèmes 25
Mon comportement ne me convient pas 26
Mon attitude ne me convient pas 28
Je ne sais pas comment faire 30
Le journal de mes états d'âme 32

CHAPITRE III. Me remettre en question 33
Le point d'entrée : une situation désagréable . 33
Tout va bien... ou presque ! 35
Je suis mon propre critique 37

DEUXIÈME PARTIE

Je regarde en arrière (la dernière fois n'était pas la bonne)

CHAPITRE IV. Percevoir mes difficultés 47

Je trouve le temps de me poser pour faire le point 48

En quoi suis-je responsable ? 49

Ce n'est pas « si pire » 51

CHAPITRE V. Tirer des leçons 53

Comment aurais-je voulu réagir ? 53

Qu'aurais-je dû ressentir ? 55

Que puis-je penser d'autre ? 56

Comment les autres font-ils ? 57

« Il ne faut jamais faire d'erreurs » 58

Je choisis la durée de mes émotions 60

CHAPITRE VI. Comprendre d'où viennent les difficultés 63

La compréhension seule ne suffit pas 63

Mes difficultés : leur contexte 66

Indulgence mode d'emploi 69

CHAPITRE VII. Chaque chose a sa juste place . 71

Tout n'est pas un problème 71

Tous les problèmes ne sont pas à résoudre ... 73

En quoi est-ce un problème ? 76

Je ne mets pas tout dans le même sac 78

Je sais arrêter de ressasser 81

TROISIÈME PARTIE

Je me connais mieux que personne

CHAPITRE VIII. Je sais ce que je vaux : mes réussites 89
Mes bons points 90
Le chemin que j'ai parcouru 91
Il faut « mouiller sa chemise » pour réussir .. 93

CHAPITRE IX. Je sais où je vais : mes aspirations 95
Je retire ce qui me déplaît 96
Je rajoute ce qui manque 98
Je garde ce qui me convient 99
Une fée passe 100

CHAPITRE X. Je connais mes moteurs : ce qui me motive 101
Mes moteurs 101
Mes objectifs 103
Mes motivations 104

CHAPITRE XI. Je sais comment je fonctionne : ma manière de raisonner 107
Le fonctionnement rationnel 108
Le raisonnement intuitif 109
Tirer parti de votre différence 111

CHAPITRE XII. Ce qui me rend plus efficace . 113
Mon environnement favorable 113
Comment j'apprends 115
Comment je me concentre 116
Mon journal d'apprentissage 118

CHAPITRE XIII. Mes réactions 121
Mon mode de communication 122
Les autres et moi : manipulation ou marque de respect ? 124
Mes valeurs et celles des autres 127

QUATRIÈME PARTIE

Je regarde en avant (la prochaine fois sera la bonne)

CHAPITRE XIV. Réussir, mode d'emploi 137
Je fais le point 138
Je me fixe des objectifs 140
Voir l'image globale et ses détails 145

CHAPITRE XV. Je tiens compte de la réalité . 147
Le contexte 148
Les gens 152
Je prends les gens comme ils sont 154
Le savoir-vivre 156

CHAPITRE XVI. Je mets toutes les chances de mon côté 159
Je ne perds pas de vue mon objectif 159
Je sais que je peux le faire 160
Je pense à ce que j'ai décidé de faire 162
Je prépare ma trousse à outils 164
Je m'encourage 165
La prochaine fois, ce sera encore mieux 166
Une petite voix me dicte le bon sens 167

CHAPITRE XVII. Malgré tout, je n'y arrive pas . 169
Je n'ai pas bien étudié la question 169
Je n'ai pas tenu compte de moi 171
Travailler sans travailler 172

CHAPITRE XVIII. Je reste où je suis (arrivé) . 175
Je ne peux pas faire plus 175
Ma vie est conforme à mes aspirations 178
Je suis comme je suis 179
Les dons des fées 181

CONCLUSION 183

POUR EN SAVOIR PLUS 185

Mise en page PCA
44400 Rezé

Imprimé en France
par Corlet Imprimeur
Dépôt légal : décembre 2009
N° d'impression : 125323